全国社会工作者职业水平考试辅导用书

2025

社会工作实务
（中级）

考前冲刺试卷

孙江涛 主编

中国人事出版社

图书在版编目（CIP）数据

社会工作实务（中级）考前冲刺试卷 / 孙江涛主编．
北京：中国人事出版社，2025. --（全国社会工作者职业水平考试辅导用书）．-- ISBN 978-7-5129-2114-6

Ⅰ．D632-44

中国国家版本馆 CIP 数据核字第 2025Z1G448 号

中国人事出版社出版发行

（北京市惠新东街 1 号　邮政编码：100029）

*

北京市科星印刷有限责任公司印刷装订　　新华书店经销

787 毫米 × 1092 毫米　16 开本　5.75 印张　125 千字
2025 年 3 月第 1 版　2025 年 5 月第 3 次印刷
定价：28.00 元

营销中心电话：400-606-6496
出版社网址：https://www.class.com.cn

版权专有　　侵权必究

如有印装差错，请与本社联系调换：（010）81211666
我社将与版权执法机关配合，大力打击盗印、销售和使用盗版图书活动，敬请广大读者协助举报，经查实将给予举报者奖励。
举报电话：（010）64954652

目 录

第一部分　考前准备 ·· （ 1 ）

第二部分　考前冲刺试卷 ··· （ 9 ）

　考前冲刺试卷（一） ··· （ 9 ）

　考前冲刺试卷（二） ··· （12）

　考前冲刺试卷（三） ··· （15）

　考前冲刺试卷（四） ··· （17）

　考前冲刺试卷（五） ··· （19）

　考前冲刺试卷（六） ··· （22）

　考前冲刺试卷（七） ··· （25）

　考前冲刺试卷（八） ··· （28）

　考前冲刺试卷（九） ··· （31）

　考前冲刺试卷（十） ··· （34）

　考前冲刺试卷（十一） ·· （37）

　考前冲刺试卷（十二） ·· （40）

第三部分　考前冲刺试卷参考答案 ··· （42）

　考前冲刺试卷（一）参考答案 ·· （42）

　考前冲刺试卷（二）参考答案 ·· （46）

　考前冲刺试卷（三）参考答案 ·· （49）

　考前冲刺试卷（四）参考答案 ·· （53）

　考前冲刺试卷（五）参考答案 ·· （57）

　考前冲刺试卷（六）参考答案 ·· （61）

　考前冲刺试卷（七）参考答案 ·· （65）

　考前冲刺试卷（八）参考答案 ·· （69）

　考前冲刺试卷（九）参考答案 ·· （73）

　考前冲刺试卷（十）参考答案 ·· （76）

　考前冲刺试卷（十一）参考答案 ··· （80）

　考前冲刺试卷（十二）参考答案 ··· （84）

第一部分 考前准备

《社会工作实务（中级）》是全国社会工作者职业水平考试中难度较大的一个科目，主要有以下五个方面的原因。

原因一：《社会工作实务（中级）》是主观题考试，应试者需要自己写出答案以表达对试题的理解，无形中增加了考试的难度。

原因二：大部分应试者在实际工作中动手写得少，总结提炼能力和写作能力相对较弱。

原因三：《社会工作实务（中级）》考试内容涵盖比较广泛，一般包括社会工作实务领域的八类服务人群以及五个主要服务领域。

原因四：大部分应试者专业服务开展得少，专业知识和实际服务有些脱节。

原因五：《社会工作实务（中级）》考试时间为150分钟，很多应试者不能够合理地分配考试时间，导致答不完考题。

以上原因导致很多应试者惧怕《社会工作实务（中级）》这门考试，甚至最后选择放弃。

一、考试基本情况分析

仔细分析2008年以来的历次《社会工作实务（中级）》考试可以发现，考试题型越来越稳定、考题难易程度也越来越适中。尤其是近几年，随着社会工作的社会热度越来越高，《社会工作实务（中级）》考试也经常会结合社会热点进行考查，如老年人能力评估、儿童保护服务、儿童友好社区建设、基层社区治理、乡镇（街道）社工站建设、"一老一小"服务、校园霸凌事件介入、家庭教育服务等。

需要提醒各位应试者的是，社会热点一般会作为案例题干，目的是引出所要考查的知识点，具体社会热点一般不会成为考点，因此应试者需要了解相关社会热点，不至于在案例中遇到后一无所知。

（一）基本题型

目前，《社会工作实务（中级）》考试共有五道题，这五道题又分为两种题型。《社会工作实务（中级）》考试题型分布见表1。

表1 《社会工作实务（中级）》考试题型分布表

序号	题型	题量（道）	每题分值（分）	占比（%）
1	案例分析题	4	20	80
2	方案设计题	1	20	20

1. 案例分析题

仔细分析历年《社会工作实务（中级）》考试可以发现，案例分析题可以分为三种不同的类型。

第一类案例分析题：题干中的案例用于描述一个故事，一般结合某一人群和某一领域共同描述服务对象遇到的问题和困境，或者单独描述某一领域遇到的问题，需要社会工作者为服务对象或领域提供专业服务。我们将这类案例分析题称为"问题解决型"案例分析题，如2021年第一题。

【2021年案例分析题第一题】

D社区没有物业服务单位，长期存在环境脏乱差问题。为此，社区居委会委托某社会工作服务机构推动居民成立"物业自我管理委员会"。

社会工作者开展了社区分析，经过深入社区观察发现，D社区地处市中心，住房和基础设施年久失修，居住的主要是低收入家庭、空巢老人和流动人口，属于典型的老旧小区；借助资料进一步分析了社区的历史、人口结构和社区资源等基本情况；通过访问居民了解到，D社区还存在居民的社区参与热情和水平不高、缺少骨干、没有成熟的社区社会组织、社区协商活动一直组织不起来等社区共同性问题。

问题：

1. 结合案例，说明社会工作者还需要开展哪些社区分析工作。
2. 从扩大社区参与的角度看，本案例中社会工作者应当从哪些方面开展服务？

针对"问题解决型"案例分析题，应试者需要"答"，即应试者要根据教材知识或实务经验进行总结作答，根据问题要求"答"出具体的做法。一般来说，此类题目需要结合案例中提出的具体问题或需求，逐一列出应对策略或具体做法。（注意：从2021年开始，在案例分析题中会出现类似于2021年第一题中第一个问题的"补缺题"，即需要"补足"案例中缺失的专业服务。）

第二类案例分析题：题干中的案例会明确指出服务对象或社区等领域出现的问题，同时会给出社会工作者的做法，让应试者运用所学知识分析社会工作者的做法。我们将这类案例分析题称为"实务分析型"案例分析题，除了分析题目中的具体服务，2024年出现了需要整体分析案例描述的题目，如2024年第四题中第二个问题。

【2024年案例分析题第四题】

某街道召开的多方协商会议中，与会代表普遍反映，目前社区志愿者的参与积极性较高，但志愿服务存在资源碎片化、活动形式单一等问题，难以满足居民的多元化需求。街道调研后，决定从构建多方联动机制入手，委托社会工作服务机构实施"共建美好社区"志愿服务项目。社会工作者走访辖区内的志愿服务组织，了解其专长和运行情况，推动这些志愿服务组织成立志愿服务联盟，建立志愿服务资源库。同时，社会工作者联动社区居委会深入调研居民需求，建立志愿服务供需对接机制，促进志愿服务精准化。在项目运行过程中，社会工作者引导志愿服务联盟广泛吸纳社会组织、社区商户和爱心人士等多方力量的参与，共同解决居民关心的问题；建立志愿服务积分制度，促进志愿服务的可持续开展。随着项目的深化，社区共建共治共享的氛围日益浓厚，社区居民开始以主人翁的姿态更加积极地参与社区事务。

问题：

1. 结合案例，说明社会工作者采取了哪些推动社区多方联动的方法。
2. 结合案例，说明社区社会工作的特点有哪些。

针对"实务分析型"案例分析题，应试者需要进行"分析"，即应试者需要将案例做法与专业知识相结合，仔细分析社会工作者的做法。一般来说，此类题目的案例题干已经比较明确地说明了社会工作者具体的做法，需要应试者梳理清楚专业做法，并将其用专业术语描述总结出来，要求应试者掌握一定的专业知识和总结提炼的能力。

第三类案例分析题：题干中的案例既明确指出了服务对象或某一领域出现的问题或现状，也给出了社会工作者的专业做法，需要应试者既要描述清楚问题或需求，又要运用所学知识从案例中分析社会工作者的做法。我们将这类案例分析题称为"混合型"案例分析题。这类案例分析题在近几年考试中越来越多，如2020年第四题。

【2020年案例分析题第四题】

某社区一些家庭亲子关系紧张，冲突频发，家长十分焦虑。为此，社会工作者采用父母效能训练模式为这些家长开展亲职教育小组服务，小组活动共分为六节。以下对话节选自第一节和第六节的小组活动记录。

第一节

社会工作者："感谢家长A的分享，我们来听听其他家长在亲子关系中的问题，请大家畅所欲言。"

家长B："我跟家长A一样，天天苦口婆心，好言相劝，希望孩子能好好学习，可是她居然说我像唐僧一样，唠唠叨叨。"

家长C："我儿子更过分，我只数落了他几句，他居然把门一摔，好几天不跟我说话。越这样，我越说！"

家长D："这是典型的青春期叛逆，讲道理有什么用？我家孩子也是一样，就得打！"

第六节

社会工作者："咱们的小组活动快接近尾声了，请各位家长分享一下在小组中的收获吧。"

家长E："我收获很大，以前与儿子沟通时总是缺乏耐心，控制不住自己的情绪，其实在与孩子的关系中，我们家长的态度很重要。"

家长C："是啊，咱们做家长的谁不为孩子好，但也得注意方式方法，要学会让孩子表达自己的感受，别一味指责孩子，也要听听孩子的心声。"

家长D："不能随便给孩子贴上'叛逆'的标签，这个阶段的孩子渴望独立，咱们做家长的应该给予更多的支持和理解。"

家长A："我们做家长的要给孩子树立榜样，平时注意交流方式，夫妻之间也不能一言不合就吵架。"

家长B："一句话总结，我觉得我更会做家长了。"

问题：
1. 运用家庭系统理论，分析案例中亲子关系问题产生的原因。
2. 结合案例，说明该亲职教育小组实现了哪些具体目标。

针对"混合型"案例分析题，应试者需要认真研读案例本身，既需要从案例中找出问题所在，结合题目要求进行问题、需求或原因说明，又需要对案例中社会工作者的做法进行专业分析与研判。一般来说，这类案例分析题的案例描述非常充分，隐藏着诸多得分要点，需要应试者充分利用案例给出的信息，并能够用专业术语进行描述和总结。

2. 方案设计题

方案设计题的考查相对固定，考查形式有"小组计划书""活动策划书""项目申请书"三种类型。考查内容主要是需求评估、服务目标、招募计划、服务内容、服务形式、服务成效等的组合搭配，如2024年考查以社会支持理论为指导建构低保家庭社会支持网络的服务方案；2023年考查以系统理论为指导从微观、中观和宏观三个层面为外卖骑手设计服务方案；2022年考查以去标签化，提升戒毒人员就业能力为目标设计小组计划书；2021年考查以提升学生科学情绪管理为目标设计小组计划书；2020年考查分阶段设计灾害救助社会工作服务方案。

【2024年方案设计题】

某乡镇社工站在对低保家庭社会支持网络状况开展评估时发现：有的救助对象对政策存在误解，因此有时会与基层工作人员发生矛盾；一些低保家庭在获得救助之后，仍存在一定的经济困难，有时会通过上访的方式，希望获得更多的资源支持；部分低保家庭与亲友关系疏远，与邻里也很少往来；当地的社会组织较少开展针对低保家庭的服务；该乡镇与当地一些企业达成了社会救助合作意向，但一直没有开展活动。

针对上述情况，社会工作者计划从整合社会支持网络的资源、丰富社会支持网络的成员构成、发挥社会支持网络的功能三个途径，开展低保家庭社会支持网络的建构服务。

要求：

依据社会支持网络理论，设计低保家庭社会支持网络建构的服务方案，只需列出理论假设、服务目标和服务内容。

【2023年方案设计题】

随着互联网共享经济模式的快速兴起，外卖骑手的需求以及他们面临的问题也日益凸显。某社会工作服务机构在对某市骑手群体的生存和发展状况开展调查时发现，大部分骑手属于"新生代农民工"，他们处于相对弱势地位，遇到困难时主要求助对象为亲友；很多骑手每天工作超过12个小时，业余生活单调枯燥；近四成骑手对目前的工作状态不满意，但又不知道未来能做什么；近三成骑手没有任何类型的保险；近五成骑手曾经还发生过不同程度的交通安全事故，事故原因除了天气、路况和车辆状况等因素，主要是担心订单超时而违反交通规则，或担心在家的小孩而心神不宁，或不能被消费者尊重、理解而心理压力大；调查还发现，骑手群体在工作中积累了众多交通安全经验，大多数也有帮助他人的意愿。

基于调查结果，该社会工作服务机构依据系统理论，从微观、中观和宏观三个层面，发起了"关爱骑手,社会工作在行动"的服务。

要求:

依据系统理论,设计"关爱骑手,社会工作在行动"的服务方案,只需列出理论要点、服务目标和服务策略。

【2022年方案设计题】

禁毒社会工作者在开展吸毒人员社区康复工作时发现,不少服务对象陷入就业困境,有的服务对象表示用工单位对他们存在歧视,自己根本无法找到工作;有的服务对象表示自己曾经吸毒,是个"废人",不可能找到工作了;有的服务对象表示在求职面试时总是感到自卑,容易紧张不安。同时,社会工作者也发现,有一些服务对象走出了困境,顺利就业。

社会工作者计划运用标签理论,为陷入就业困境的服务对象开展就业辅导小组服务。小组活动共五节,总目标设定为协助组员"去标签",提高就业能力。第一节小组活动的主要内容有与服务对象建立关系、澄清小组目标和签订小组契约。

要求:

依据标签理论,完成本小组的活动设计,只需列出理论要点以及其余四节小组活动的服务目标和服务内容。

【2021年方案设计题】

某校为落实《中华人民共和国未成年人保护法》,更好地开展未成年人保护工作,成立了包括社会工作者在内的学生欺凌防治工作组。社会工作者通过调查发现,有欺凌行为的学生中,不少人缺乏基本的情绪管理能力:有的不能觉察自己的情绪状态;有的不善于表达自己的情绪;有的用暴力方式释放负面情绪;有的虽知道欺凌行为不好,但无法自我控制。

在学校的支持下,社会工作者计划运用小组工作方法,帮助这些学生科学管理情绪。小组总体目标为通过提升学生情绪觉察、情绪表达和情绪管理等能力,预防和消除欺凌行为。小组活动共分五节。

要求:

结合案例,完成本情绪管理小组计划的设计,只需列出每节活动的服务目标和服务内容。

【2020年方案设计题】

某地发生特大洪水,农田被淹,房屋被毁,企业停产,学校停课。社会工作服务机构协助政府部门及时疏散、转移和安置受灾群众。社会工作者在救灾过程中发现,一些受灾群众因目睹家园被毁的场景而深陷痛苦,难以自拔;一些受灾群众害怕洪水再次来袭,时刻处于紧张、无助和恐惧的状态;一些受灾群众认为邻居分配到的饮用水、衣被等应急救助物资比自己多,心生不满,导致邻里关系紧张;还有一些受灾群众担心灾后生计问题,整日忧心忡忡,寝食难安。

要求:

设计一份灾害救助社会工作服务方案,只需列出灾后救助的不同阶段以及各阶段对应的服务目标和服务策略。

（二）考试趋势

随着考试机制越来越成熟，近几年的考查内容也变得越来越丰富，包括失独家庭服务、企业职工安全服务、青少年生涯规划、儿童保护服务、基层社区服务与治理、校园霸凌事件介入、社区矫正服务、家庭服务等。通过分析历年考题后发现，《社会工作实务（中级）》考试呈现出以下发展趋势。

趋势一：案例描述内容增加，案例越来越复杂，融合多个问题，需要应试者有全局思想，从案例整体上分析梳理案例中的专业服务才能作答。

趋势二：案例越来越贴近生活，与社会现实紧密结合，需要应试者关注社会热点和社会工作的发展。

趋势三：对社会工作"三大具体方法"的考查越来越模糊，更侧重于解决问题，重视应试者服务经验和专业知识的结合。

趋势四：对社会工作理论指导服务的考查越来越明显，需要应试者理解、掌握一定的社会工作理论，并学会使用理论设计、开展专业服务。

趋势五：方案设计题更注重考查计划服务内容的可行性与可操作性，需要应试者重视服务的落地实施。

（三）近三年考试情况汇总

1. 2024年考查内容如下。

第一题：社区多方联动机制与社区社会工作的特点。

第二题：社区需求类型与儿童友好社区建设的内容。

第三题：危机介入的技巧与企业社会工作的内容。

第四题：社区戒毒矫正对象同伴教育的功能与优势视角下社会工作实务的特点。

第五题：以社会支持理论为指导设计低保家庭社会支持网络建构的服务方案。

2. 2023年考查内容如下。

第一题：老年人的主要问题及家庭生命周期理论中老年人家庭的主要任务。

第二题：女性需求与资源的对接与个案管理的原则。

第三题：资源经纪人的服务技巧与社区支持网络的建构。

第四题：预估阶段任务的完成情况与行为契约法的操作步骤。

第五题：以系统理论为指导，从微观、中观和宏观三个层面设计外卖骑手的服务方案。

3. 2022年考查内容如下。

第一题：受虐待儿童的预防服务与危机干预的措施。

第二题：村民骨干能力提升的培养方法与乡村志愿服务体系建设的措施。

第三题：家庭社会工作的任务与家庭社会工作的基本原则。

第四题：社会学习理论的治疗技术与小组工作的作用。

第五题：以去标签化，提升戒毒人员就业能力为目标的小组计划书。

二、解题思路与应试技巧

俗话说"万变不离其宗""以不变应万变"，不管《社会工作实务（中级）》的考题如何变化，都离不开社会工作服务的八类服务人群和五个主要服务领域，也离不开社会工作的专业理论、专业方法和专业技巧的使用。

应试者在备考《社会工作实务（中级）》的过程中，一定要结合《社会工作综合能力（中级）》的考试内容进行复习，做到融会贯通，将社会工作价值观、人类行为与社会环境、社会工作理论、个案工作方法、小组工作方法、社区工作方法、社会工作督导等内容与社会工作实务相结合。

（一）解题思路

不管是案例分析题还是方案设计题，《社会工作实务（中级）》的考题都是以案例形式出现，案例内容都是关键信息，所以应试者在考试过程中，务必认真研读案例中的每一句话、每一条重要信息，从案例中找到问题的关键与核心。

在解题过程中，很多应试者找不到思路或方向，其实归根结底，所有的社会工作服务本质上都是围绕服务对象的需求开展的，即以"需求为本"开展服务。也就是说，所有的服务内容都是为了满足服务对象的多元化需求，而需求往往是内在的，不容易被直接发现或被服务对象表达出来的。因此，在考试过程中，找到服务对象需求的办法就是分析案例中描述的各种问题，每一个问题即对应了服务对象的每一个需求。

例如，案例中描述"一些老年人身体衰弱，行动不便；一些老年人没有退休金，生活困难"，表面上看到的是行动不便的问题，生活困难的问题，而背后则对应着生活照料的需求，改善生活状况的需求。"需求为本"的解题思路，如图1所示。

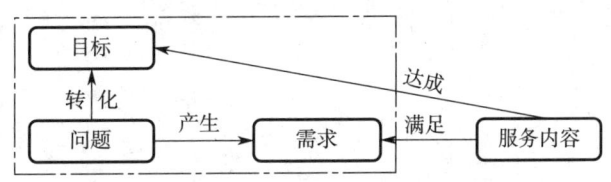

图1 "需求为本"的解题思路

在阅读完案例之后，应试者就应该对以下问题做到"心中有数"：案例中主要描述了哪些问题？这些问题对应了哪些需求？应该开展什么样的服务来解决这些问题、满足这些需求？除了从问题背后挖掘服务对象的需求，针对需求设计服务内容，也是有规律可循的，即从"人在情境中"的角度开展服务。通常情况下，服务内容可以按照层级逐一列举。

第一，微观层面，主要围绕服务对象自身的生理需求、心理需求，以及社会交往或社会支持网络搭建的需求开展相应服务。

第二，中观层面，主要围绕服务对象所在的家庭、学校、社区、朋辈群体、工作单位等方面的需求开展相应服务。

第三，宏观层面，主要围绕服务对象所在的社会环境、社会政策、社会福利保障体系、社会文化等方面的需求开展相应服务。

不管是从案例描述中寻找问题，还是根据问题开展相应服务，应试者必须牢记"需求为本"的原则，按照"人在情境中"的理念与视角来设计服务内容。

（二）应试技巧

通过综合分析《社会工作实务（中级）》历年考题，结合应试者在实际考试过程中的困惑，笔者总结出以下八个技巧供应试者参考。

技巧一：调整心态，轻松应考。

技巧二：认真审题，阅读案例时将重要信息用笔画出，并为其标上序号。

技巧三：答题之前尽量写草稿，整理好解题思路再进行作答。

技巧四：答题过程中要认真书写，将要点逐一分条列出，切忌长篇大论。

技巧五：错误内容切忌乱涂乱画，轻轻划掉即可。

技巧六：争取简单题拿全分，有难度的题目多拿分。

技巧七：答题尽量使用专业词汇，实务经验与专业知识同样适用。

技巧八：合理分配时间，尽量预留50~60分钟完成方案设计题。

最后，预祝所有应试者顺利通过考试！

第二部分　考前冲刺试卷

考前冲刺试卷（一）

一、案例分析题（共4题，每题20分，共80分）

第一题

为给老年人营造更加友善的生活环境，某乡镇社工站与当地老年人协会合作，为留守老年人开展专业服务。社会工作者在社区走访中发现：有的老年人因常年劳作，患有多种慢性疾病，需要长期服药；有的老年人因子女不在身边，无人交流沟通，内心苦闷，患有轻度抑郁症；有的老年人与邻里来往较少，与亲戚朋友的关系也比较疏远；有的老年人缺少固定收入，导致生活水平低下，主要依靠低保金生活；还有的老年人患有轻度阿尔茨海默病，自我照顾能力下降。

为此，乡镇社工站的社会工作者积极链接社会资源和政府资源，为这些老年人家庭以及社区进行适老化环境改造，以减少意外伤害的出现。除此之外，乡镇社工站还联合当地一家慈善基金会，在村里开办老年饭桌，以解决独居空巢老人的吃饭问题。同时，社会工作者还动员身体状况良好的老年人担任志愿者，并建立起社区志愿者队伍，为不能出门的老年人开展上门慰问服务。

问题：

1. 结合案例，说明社会工作者走访时收集了哪些资料以及还需要收集哪些资料。
2. 结合案例，说明乡镇社工站在开展服务过程中促进了哪些主体的参与。

第二题

某家庭综合服务中心对本季度的家庭服务进行总结，社会工作者们纷纷反馈自己在服务中遇到的问题：有的社会工作者表示，由于受到"男尊女卑"文化的影响，不少女性家庭地位低下，遭遇家暴后也不敢声张；有的社会工作者表示，家庭主妇们忙于照顾孩子和家庭，完全没有个人生活和人生价值，丈夫们几乎不参与任何家庭事务；有的社会工作者表示，服务中接触到离婚家庭和再婚家庭时，不知道如何看待和评价他们的家庭生活；有的社会工作者表示，很多家庭亲职教育缺失，不少家长在孩子教育方面存在较大问题。

针对社会工作者们提出的问题，社会服务机构督导者认为，他们对家庭社会工作的基本假设了解不够，建议他们要注意协调家庭成员之间的关系，加强夫妻之间彼此的支持和关心；要促进家庭成员之间的积极沟通，结合家庭实际生活情况来分析和解决家庭成员的问题；要及时介入家庭暴力事件，总结经验以预防危机的再次产生；还要分析家庭所在的周边环境，链接多种资源为家庭提供服务。

问题：

1. 结合案例，说明社会工作者依据性别视角开展家庭社会工作的原则有哪些。
2. 结合案例，说明社会服务机构督导者的建议体现出家庭社会工作的基本假设有哪些。

第三题

某地乡村振兴部门为保障当地女性的权益，与当地妇联协同行动，委托乡镇社会工作服务站在全镇开展调查发现，由于受到当地文化的影响，该地女性存在严重的无力感。有些女性遇到家庭暴力后只能默默忍受，认为自己没有能力改变现状；有些女性表示，日常生活除了做农活就是在家里照顾老人与孩子，几乎没有能够交流谈心的人，与亲戚、邻居走动也很少；有些女性想做点手工活补贴家用，但是当地并没有相应的扶持政策为其提供支持和帮助。

该社会工作服务站联合专业社会工作服务机构为当地女性开展赋能项目。项目开展过程中，社会工作者协助当地女性学习手工技术，用柳条编成篮、筐等生活用品，并协助她们使用智能手机进行直播带货；成立巾帼志愿服务队，协助当地进行垃圾分类、污水处理等工作；还协助当地组织各种文化活动，丰富当地女性的文化生活。除此之外，该赋能项目还注重发挥女性专长，协助解决家庭婆媳矛盾、夫妻关系、子女教育等社区共同性问题。

问题：

1. 结合增能理论，说明当地女性存在无力感的来源及其表现。
2. 结合案例，说明女性在乡村振兴中的积极作用。

第四题

社区矫正对象刘某刑满释放后一直没有找到工作，于是来到社区居委会求助。社会工作者与刘某展开会谈，对刘某及其问题进行预估。以下内容节选自会谈记录。

社会工作者："感谢您对我们的信任，您目前遇到了什么问题需要我们帮助？"

刘某："我是今年3月份出狱的，出狱后一直在积极努力地找工作，应聘过外卖员、快递员等工作，但是都因为我有服刑经历被拒绝了。"

社会工作者："您的情况我大概了解了一点，您现在有什么感受吗？"

刘某："我觉得自己太失败了，他们就是瞧不起我，觉得我有过服刑经历就不是好人，就给我贴上标签了，我也真是后悔之前的经历，因为年轻气盛就打人了。"

社会工作者："还是需要正确看待之前的经历，您能具体讲讲您的求职过程吗？"

刘某："我出狱后，之前比较好的朋友推荐我去应聘外卖员，我就去了，但是介绍完我的经历和薪资要求后，他们就让我回家等通知了，到现在也没有给我通知。后来，我又联系了咱们街道的就业指导中心，上了几节就业指导课程，就业指导中心给我推荐到快递公司面试，但最后还是被拒绝了。所以我才来到居委会求助。"

社会工作者："您的求职经历我大概有了一些了解，那您觉得，目前还没有找到合适的工作的主要原因是什么？"

刘某："我觉得主要就是因为我的服刑经历，他们看不起我，我的学历也不高，也没有一技之长，所以都不想用我。"

社会工作者："您先不要自己给自己贴上服刑的标签，还是需要重新认真看待这段经历，希望通过我们一起努力来克服您目前遇到的主要困难。"

刘某："好的，看看有没有合适的就业岗位推荐给我吧，我真的很需要一份工作来解决我的生活。"

社会工作者通过对刘某的预估，发现其非理性信念严重影响了他对当前问题的判断。因此，社会工作者计划首先用理性情绪治疗模式的治疗技巧来协助刘某检查自身的非理性信念。

问题：
1. 结合案例，说明社会工作者开展预估的目的有哪些。
2. 结合案例，说明社会工作者开展非理性信念检查的技巧。

二、方案设计题（共1题，每题20分，共20分）

某地残疾人就业服务中心积极促进当地残疾人就业，联合当地社会工作服务机构开展相应服务。在调研中发现，有些残疾人对国家的残疾人就业扶持政策不甚了解；有些残疾人对自身劳动能力估计不足导致在求职中屡遭挫折；有些残疾人在工作中缺乏相应的职业技能只能从事简单工种；还有些残疾人缺乏职业规划，对未来发展感到迷茫。

为解决上述问题，残疾人就业服务中心与社会工作服务机构合作，计划以"治疗—康复—发展"为核心目标为当地残疾人提供服务。

要求：
按照残疾人职业康复的步骤，设计一份残疾人职业康复服务方案，只需列出各阶段的主要目标和服务内容，并说明各阶段社会工作者的角色。

考前冲刺试卷（二）

一、案例分析题（共4题，每题20分，共80分）

第一题

根据《中国儿童发展纲要（2021—2030年）》的要求，某街道委托社会工作服务机构在D社区开展儿童友好社区建设。社会工作者在D社区走访中发现，该社区没有适合儿童活动的场所，很多儿童只能在楼道里玩耍。社会工作者在组织D社区儿童家长座谈时，家长普遍反映本社区的卫生状况较差；相较于周边的社区，本社区开展的儿童服务很少；社区事务也缺少儿童参与。此外，该社区也没有按照儿童友好社区建设规范建立"儿童之家"。

社会工作者在社区需求分析的基础上，联合环卫部门和志愿服务组织，定期清理社区卫生死角，改善社区卫生环境；与妇联合作建设社区"儿童之家"，为儿童提供安全、健康的活动场所；面向社区中的儿童和家长开展形式多样、内容丰富的服务；通过成立"儿童议事会"，鼓励儿童为社区事务建言献策。在社会工作者的努力下，D社区的儿童友好社区建设目标初步实现。

问题：

1. 结合案例，说明该社区的需求类型。
2. 结合案例，说明社会工作者从哪些方面推动儿童友好社区的建设。

第二题

社会工作者老王针对社区里老年人自杀率升高的问题进行社区调查，通过与社区居委会沟通了解到社区潜在自杀对象刘大爷的情况，并绘制了刘大爷的家庭结构图（见下图）。

社会工作者老王为进一步了解刘大爷的情况，决定对刘大爷进行一次正式的家访。老王选择了刘大爷精神状态比较好的上午时间进行家访。在进入刘大爷家后，老王发现刘大爷一个人居住，生活条件比较艰苦。老王在与刘大爷说明本次家访的目的后，刘大爷明显放松了下来。在交谈中，老王表示希望刘大爷能够充分说明自己的情况，并表示不会将本次家访和刘大爷有自杀倾向的事告诉任何人。通过家访，老王希望能够从多角度介入老年人自杀问题，保护老年人生命安全。

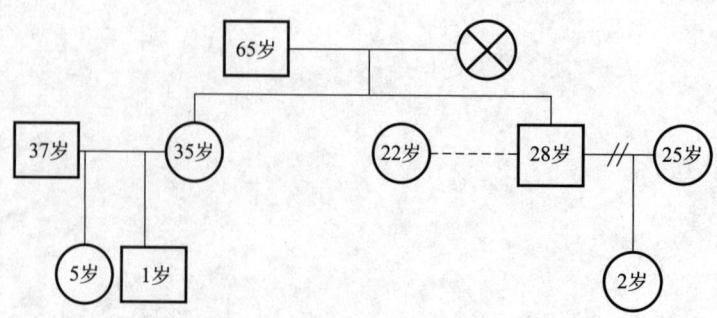

问题:
1. 结合家庭结构图,说明刘大爷的家庭关系。
2. 结合案例,说明社会工作者老王对刘大爷进行评估时运用了哪些方法。

第三题

社会工作者小张在与社区低保对象刘某第一次见面时就发生了冲突。小张觉得刘某出言不逊,冒犯了自己,并存在言语不当的情况,感到特别委屈,认为自己虽然是社会工作者,但是也不应该受到人身攻击和威胁。刘某则觉得小张对国家低保政策并不了解,不能够满足自己的要求,在刻意为难自己,并表现出对自己的不信任。两人的关系陷入了僵局,刘某愤愤不平,摔门而去。

机构督导老王介入后了解到,社会工作者小张对国家低保政策是有所了解的,但是缺乏对刘某实际情况的掌握,所以在与刘某沟通时不能够结合刘某的自身困难为其提供专业服务。督导老王还提醒小张,在与服务对象建立关系阶段,积极沟通尤为重要。除了要关注服务对象实际情况的事实性沟通,还要积极进行治疗性沟通,以便更好地了解服务对象的问题与需求。

问题:
1. 结合案例,说明社会工作者与救助对象建立专业关系的技巧。
2. 结合案例,说明治疗性沟通在与服务对象建立专业关系阶段的作用。

第四题

社会工作者在一次社区家访中了解到,家庭主妇于某遭到了严重的家庭暴力。在进一步了解情况时,于某表示丈夫频繁施暴的原因是最近工作上的不顺利,在喝完酒回家后自己也没有及时照顾好他;开始几次于某还会反抗、争辩,但是被打了几次之后便不再吱声了,并逐渐将暴力行为看成是自己生活中的一部分;于某在外面也不跟朋友与家人诉说这些事情,认为自己没有能力摆脱暴力事件。于某在谈话过程中一直低着头,不敢抬头看社会工作者,说话声音也很小,做事情蹑手蹑脚。

社会工作者经过评估后发现,于某具有典型的"受虐妇女综合征",社区内还有不少女性同样面临被虐待的风险。因此,社会工作者决定协助这些女性走出家庭,积极面对并合力解决家庭暴力事件。

问题:
1. 结合案例,说明具有"受虐妇女综合征"的女性有哪些特征及具体表现。
2. 结合案例,说明社会工作者应该从哪些角度干预家庭暴力的发生。

二、方案设计题(共1题,每题20分,共20分)

某社区周边正在进行大规模建筑施工,社区周边搭建起一批活动板房,一大批农民工住进了板房中,很多农民工的子女也跟随他们搬了进来。企业社会工作者在走访时发现,大多数农民工子女就读于附近的小学,但是父母工作繁忙无暇看管他们,不能很好地照料他们的学习和生活,子女学习成绩比较差;由于家庭和语言沟通障碍等原因,农民工子女大多比较内向、自卑,不敢与陌生人沟通交流;周围邻居和学校的同学也存在对农民工子女的歧视,这极大地影响了农民工子女的学习与生活。

企业社会工作者了解到情况后,主动向当地政府部门反映问题,并积极联络社会公益组织为农民工子女及其家庭提供公益服务,协助农民工子女建立起互助支持小组,协助他们适应城市生活,提供情感支持。

要求:

以"城市因你而精彩"为主题,以"协助农民工子女适应城市生活,增强其社会融入感,提升其社会适应能力"为总目标,设计五节小组活动,只需列出每节小组活动的服务目标和服务内容。

活动节次	服务目标	服务内容
第一节		
第二节		
第三节		
第四节		
第五节		

考前冲刺试卷（三）

一、案例分析题（共4题，每题20分，共80分）

第一题

某地积极响应国家"双减"政策，通过政府购买服务项目的方式推动当地儿童健康成长、全面发展。某社会工作服务机构以"家校社"联动的理念设计相应服务，满足社区儿童娱乐与休闲的需要。社会工作服务机构通过与学校合作组织儿童运动会，倡导增加儿童户外运动以增强体质；通过与社区合作组建社区儿童互助小组，为儿童建立起朋辈支持网络，鼓励儿童分享互助带来的成长经历和感受；通过与家庭合作组建儿童防性侵小组，提升儿童自我保护意识和自卫能力；通过与"家校社"三方合作，开展亲子夏令营，增加儿童之间、亲子之间的交流互动，提升人际交往能力、改善亲子关系等。

在此项目实施过程中，社会工作者计划开设"社工课堂"为学校儿童开展专业服务，在"社工课堂"服务计划开展过程中，社会工作者进行了基础调研，全面了解了学校课程设置及教学管理现状，确定了开设"社工课堂"的空间和时间。

问题：

1. 结合案例，说明儿童娱乐与休闲的需要所具有的功能。
2. 结合案例，说明"社工课堂"还需要哪些工作步骤。

第二题

某社会工作服务机构响应政府号召，通过申请政府购买服务的方式，驻扎在一个新安置社区开展专业服务。在正式进入社区前，社会工作者采用SWOT分析法对该社区进行分析发现，该社区基础设施比较完善，社区居民关系相对比较融洽，参与社区活动的积极性也较高。但是，该社区居民文化素质整体较低，老年人口占比很高，不文明养犬的问题引发了好几起居民冲突事件。此外，社区周边商户大多流动性较高，难以参与到社区的发展与建设中。

社会工作者经过分析，决定采用资源链接的方法，通过链接社区内部和外部资源为社区开展服务，满足社区居民的需要，促进社区发展。

问题：

1. 结合案例，说明SWOT分析法的内涵及该社区对应的情况。
2. 结合案例，说明社会工作者如何运用资源链接的方法满足社区需要。

第三题

受到自然、家庭、社会等环境因素的影响，农村留守妇女更容易成为困境人群。社会工作服务机构以赋权理论为指导，申请了"美丽人生——妇女赋权服务"项目来帮助当地留守妇女脱贫。在项目实施过程中，社会工作服务机构通过开展社区宣传和教育，帮助当地留守妇女了解和意识到她们处于困境的原因，并提供相关帮助；通过链接资源，帮助她们申请银行小额贷款；通过召开妇女大会集体讨论，协助她们开设网上商店销售手工制品；通过开展社区活动，协助她们积极参与社区建设，并搭建起留守妇女之间的互助网络。

经过一段时间的努力，社会工作服务机构通过专业方法收集了多方资料对服务效果进行评估发现，当地留守妇女的权能有了较大幅度的增强。在此基础上，社会工作服务机构确定了项目下一步的工作重点，即帮助当地女性提升参与乡村振兴的能力，服务国家乡村振兴战略。

问题：
1. 结合案例，说明社会工作者评估妇女权能的指标有哪些。
2. 结合案例，说明可以采用哪些保障机制促进女性参与乡村振兴工作。

第四题

王某是刑满释放人员，按照要求到社区居委会报到后就一直待在家中，很少外出。社区社会工作者在入户调查中，记录了他遇到的主要问题如下。

（1）王某现在情绪低落，变得沉默不语，也常感到内心压抑。

（2）王某独自一人居住，出狱后糖尿病加重，目前正在筹钱治病。

（3）王某出狱后基本生活困难，因担心被居民说三道四，并未申请低保。

（4）王某在社区散步时，经常被居民指指点点，甚至有的居民遇到他时会绕行避开。

（5）王某想为社区做点事情，但是不知道能做什么，也担心社区居民会排挤他。

针对王某出现的问题，社会工作者计划从社区层面出发，采用社区工作方法为其开展社区矫正社会工作服务，以帮助王某尽快适应社会环境，摆脱生活困境。

问题：
1. 结合案例，说明社会工作者资料收集的内容和范围。
2. 结合案例，说明社区工作方法运用在矫正社会工作领域中需要注意的问题。

二、方案设计题（共1题，每题20分，共20分）

某老旧社区居民对社区服务参与度不高，社区活动也很少有人参加，社区居委会开展了各种活动宣传和倡导工作，但是效果并不理想。为此，社区居委会引进了一家社会工作服务机构，希望借助专业力量优化社区服务，促进居民参与社区建设与社区服务。

社会工作服务机构进一步调查后了解到：有些居民认为社区活动没有什么意义，参与活动也是浪费自己的时间；有些居民认为自己也没什么特长，在社区活动中发挥不了作用；有些居民认为自己的时间都用来照顾孙辈了，没有时间和精力参与社区活动；还有些居民认为很多社区活动跟自己也不相关，没有兴趣参加。针对该社区的实际情况，社会工作服务机构计划开展专业服务促进居民参与社区服务。

要求：
设计一份促进社区居民参与的服务方案，分别从肯定社区居民参与的价值、提升社区居民参与的意愿、提高社区居民参与的能力三个方面设计，只需列出服务目标和服务内容。

考前冲刺试卷（四）

一、案例分析题（共4题，每题20分，共80分）

第一题

某社区内老年人比例偏高，尤其是高龄、独居老年人数量较多，当地的一家老年人服务机构入驻社区并开展了居家养老服务。机构内的社会工作者小王在社区内走访时发现，有些老年人表示自己的问题能够自己解决，不用寻求他人的帮助；有些老年人则表示家中少有外人出入，有些事情不方便告知外人；有些老年人表示自己与其他老年人一样，没有什么特别的地方；还有些老年人称自己不需要进行评估，很满意目前的状态。

面对老年人诸多不配合的情况，小王有点力不从心，便寻求机构内专业督导的帮助，希望能够通过专业方法进一步评估老年人的问题与需求。

问题：

1. 结合案例，说明在对社区内的老年人开展评估时，小王应该注意的问题有哪些。
2. 结合案例，说明小王需要的督导内容有哪些。

第二题

某高职院校发生了学生集体夜不归宿并聚众打架斗殴的严重事件，学校老师找到社会工作者小王，希望小王能够帮助这些青少年纠正不良的心理与行为。社会工作者小王对这些学生进行评估后发现，这些青少年的父母很少关心他们的学习和生活，只是给够生活费；学校也没有为遇到家庭问题、行为问题和心理问题的青少年链接相应的资源；老师和父母对这些青少年也没有太高的期望，只是希望他们不要惹是生非，能够顺利毕业；学校并未对这些青少年进行法律知识和规章制度的教育，使得他们很容易触碰法律红线；另外，当地政府也没有给予这些青少年足够的关心与照顾，没有给他们提供参与相关社会活动的机会。

为此，社会工作者联合学校为这些青少年开展专业服务，用专业方法帮助这些有特定需要的青少年，协助他们解决生活与学习中的危机事件，加强青少年与家庭之间的联络和沟通等。

问题：

1. 结合抗逆力理论，说明应该为青少年提供的外在保护因素有哪些。
2. 结合案例，说明社会工作者可采用哪些专业方法帮助这些有特定需要的青少年。

第三题

某村低保户老李是国家脱贫攻坚战的受益者，他不但通过政府资助修缮了房屋，住进了新房，而且当地政府派出畜牧技术专家教授其养羊技术。虽然很多低保户的养殖能力有所提升，但是农牧产品普遍存在销路问题，很多低保户存在返贫的可能性。

社会工作服务机构介入后开展了需求调研与评估，邀请经济学专家为低保户讲解经济规律,减少低保户对市场的担心,缓解其焦虑情绪;聘请当地市场销售人员担任成长导师,持续为低保户开展市场营销能力培训,提升其市场营销能力;同时,应个别村民要求,特别邀请网络主播教授直播带货的技巧。除此之外,社会工作服务机构联合当地行业协会和商会,联系了一批当地企业商谈合作,经过企业评估后,该村成为企业定点收购点;还帮助当地低保户搭建了"一对一"帮扶对子,对村里成功脱贫的人员定期进行跟踪服务。

问题:
1. 结合案例,说明社会工作服务机构为低保户提供了哪些专业服务。
2. 结合案例,说明社会救助社会工作发挥的功能。

第四题

某乡镇社工站协助某村开展乡村振兴工作。入驻该村后,乡镇社工站的社会工作者通过村中走访以评估和了解村民的需求,并形成报告提供给相关政府部门。

在开展服务的过程中,社会工作者通过了解该村村史,协助完成村史的编纂工作,并深度挖掘该村独特的历史故事和历史人物,形成绘本;与当地文化和旅游局合作,将该村现存的民国时期民房重新粉刷修缮,开发成网红打卡点,并由村民自发组建合作社开展联合经营,形成自助互助的村集体文化;积极动员村民参与乡村的道路修整和路灯铺设,完成全村厕所和厨房的改造工作;联合退休的乡村教师、乡村医生等有知识、有文化的村民,针对村中的共性问题展开讨论,并搭建"凉亭议事会",协助村民积极参与村集体问题的解决。经过一段时间的努力,该村的整体面貌有了较大改善。

问题:
1. 结合案例,说明乡镇社工站在参与乡村振兴中的主要工作内容有哪些。
2. 结合案例,说明乡镇社工站的做法实现的工作目标有哪些。

二、方案设计题(共1题,每题20分,共20分)

某乡镇社工站在对低保家庭社会支持网络状况开展评估时发现:有的救助对象对政策存在误解,因此有时会与基层工作人员发生矛盾;一些低保家庭在获得救助之后,仍存在一定的经济困难,有时会通过上访的方式,希望获得更多的资源支持;部分低保家庭与亲友关系疏远,与邻里也很少往来;当地的社会组织较少开展针对低保家庭的服务;当地政府虽然与一些企业达成了社会救助合作意向,但是却一直没有开展活动。

针对上述情况,社会工作者计划从整合社会支持网络的资源、丰富社会支持网络的成员构成、发挥社会支持网络的功能三个途径,开展低保家庭社会支持网络的建构服务。

要求:
依据社会支持网络理论,设计低保家庭社会支持网络建构的服务方案,只需列出理论假设、服务目标和服务内容。

考前冲刺试卷（五）

一、案例分析题（共 4 题，每题 20 分，共 80 分）

第一题

某社区 65 岁的赵大爷自杀未遂，社区居委会及时邀请社会工作者老王介入进行自杀评估与干预。社会工作者老王及时进行了家访，在与赵大爷及其家人沟通交流后，老王记录下了收集到的诸多信息。

（1）在赵大爷自杀前的几个月内，陆续将存款分成几批转到了子女的账户中。

（2）几个月以来，赵大爷多次回到农村老宅子，并跟旧友道别。

（3）赵大爷曾经在一次家庭聚会中无意提到，他不在了之后儿女们要相互扶持，还跟子女提起将来去世后不开追悼会，就让他安安静静地走。

（4）赵大爷的床头柜里有不少安眠药片，还有一把水果刀。

（5）赵大爷的妻子提起，赵大爷很早以前曾经说起过活着也没啥意思，还不如一死了之，因为赵大爷当时并未有其他表现，妻子也并没有在意。

除此之外，社会工作者老王在该社区调查中发现，近几年来老年人的自杀率偏高，社区中一些高风险因素成为老年人自杀的主要原因，如家庭关系恶劣、子女忽视照顾、长期遭到虐待或歧视、亲友或伴侣过世、长期抑郁等。因此，老王希望以"人在情境中"为指导，从多角度介入干预老年人自杀问题，保护老年人的生命安全。

问题：

1. 结合案例，说明社会工作者收集到的信息对应了老年人自杀评估的哪些线索。
2. 以"人在情境中"为指导，说明社会工作者如何干预老年人自杀问题。

第二题

学校社会工作者小刘接待了前来求助的三年级学生小亮，小亮声称自己在学校里遭到了其他同学的暴力对待，社会工作者小刘与小亮的会谈记录如下。

社会工作者小刘："小亮，你可以描述一下你遭到暴力行为的经过吗？"

小亮："那天在放学回家的路上，有几个高年级的同学……"

此时，小亮身体有点颤抖，明显还有害怕的表现。

社会工作者小刘："听了你的经历，我能够明白你现在的心情，那你需要我为你做些什么？"

小亮："我也不知道你是否能够真正理解我的感受，也不知道你能帮我做些什么，我现在只想找个人说一下这件事情，否则，我都不知道自己该如何生活了。我也不知道找谁更合适，所以只好来找你了。"

社会工作者小刘："我愿意做你的听众，你完全可以相信我，我是专业的社会工作者，我能够为你提供各种服务。"

小亮:"我现在特别想报仇,你能替我报仇吗?"

此时,小亮攥紧了拳头,眼神十分吓人。

社会工作者小刘:"我能理解你想报仇的心理,但是我们应该一起想办法避免这样的事情再次发生,而不是去报仇,让问题更恶化。你觉得呢?"

小亮:"我想一想再来找你吧!"

第一次会谈结束。

问题:

1. 结合案例,说明社会工作者小刘在会谈时面临了哪些挑战。
2. 结合案例,说明社会工作者运用了哪些建立专业关系的技巧。

第三题

某社区属于典型的回迁社区,社区内邻里关系比较融洽,辖区内的商户也经常为社区内空巢老人开展一些免费服务。但是,社会工作者在日常工作中仍然发现不少问题,一些老年人反映年龄大了,行动不便,需要社区志愿者提供出行协助服务;一些老年人表示目前退休金较低,生活困难,多次去相关部门反映情况无果;一些老年人因为孙辈教育问题,经常与子女发生冲突,希望社会工作者出面协调其家庭关系;也有一些老年人反映与相邻社区比较,本社区文化活动太少,缺少展示才艺的舞台。除此之外,社会工作者在社区观察中发现该社区没有按照当地政府规定配置相应的活动场所和健身器材等。

针对以上了解到的情况,社会工作者计划通过召开社区协商议事会议,围绕社区内的老年人反映的问题进行讨论,并在此基础上重新设计该社区的老年人服务计划。

问题:

1. 依据布雷德绍的需要类型对该社区进行需求分析,并说明其具体表现。
2. 结合案例,说明如何构建社区支持网络来满足该社区老年人的需求。

第四题

某乡镇社工站积极助力当地乡村振兴,通过申请政府购买服务的方式驻扎村寨开展专业服务。社会工作者到达村寨后发现,很多男性都已外出打工,孩子和老年人留在家中,妇女受到传统性别角色影响,在家主要负责带孩子、伺候老年人、洗衣做饭等;有的妇女认为村寨的事村主任说了算;有的妇女认为女人就是这命,生来就是照顾家庭的。社会工作者在进一步调研中发现,村寨的妇女都会刺绣,能够绣出精美的作品。同时,村寨里还有新鲜的山间竹笋,大量野生的莼菜,他们守着"金山银山"还过着政府救济的日子。

社会工作者采用性别视角的妇女社会工作方法开展专业服务,通过组织村寨妇女成立合作社,发展刺绣产业,解决了妇女的生计问题;组织村寨妇女成立自治小组,讨论日常生活和参与村寨事务;组织村寨内遇到相同问题的妇女成立了性别敏感小组,提升其自我意识和能力。

问题:

1. 结合社会性别理论,分析妇女的性别需求类型。
2. 结合性别视角的妇女社会工作方法,说明与妇女建立关系的技巧。

二、方案设计题（共1题，每题20分，共20分）

某地区的退役军人管理部门最近接待了几起退役军人的信访事件，工作人员在与信访的退役军人交流中了解到：有些退役军人表示，退役以后与家人、朋友的关系没有以前紧密了，感觉自己被疏离了；有些退役军人觉得，政府忽略了他们，退役以后并没有及时跟进解决他们遇到的一些困难；有些退役军人并不了解目前国家的转业安置政策，对退役以后的就业安置有较大意见；有些退役军人希望创业，但是对目前的就业市场和就业优惠政策不够了解；还有些退役军人本身缺少学历和专业技能，在求职过程中屡屡受挫，导致情绪低落。

针对以上退役军人遇到的问题，退役军人管理部门计划引入一家社会工作服务机构开展服务。为了更好地帮助退役军人重新建构社会支持网络，适应退役以后的生活，社会工作服务机构计划以社会支持理论为指导，开展主题为"退役不孤独，生活更出彩"的服务项目，解决他们遇到的问题。

要求：

以社会支持理论为指导，设计一份退役军人服务项目书，只需要填写下列表格中空缺部分。

主题		退役不孤单，生活更出彩
理论要点		
需求评估		
总目标		
成员招募		略
项目初期	具体目标	
	服务内容	
项目中期	具体目标	
	服务内容	
项目后期	具体目标	
	服务内容	
预算、估计、困难、评估等		略

考前冲刺试卷（六）

一、案例分析题（共 4 题，每题 20 分，共 80 分）

第一题

为进一步落实《中华人民共和国禁毒法》对社区戒毒康复工作的要求，帮助更多服务对象实现社会康复，某社会工作服务机构计划运用小组工作方法，招募成功戒毒三年以上、有意愿和能力的康复者，培养他们成为同伴辅导员，共同开展戒毒康复服务。在社会工作者的组织下，"你我同行，创造奇迹"同伴辅导员能力建设小组成立。组员们在小组中分享康复经历，学习康复辅导知识与技巧，建立起相互支持的团队关系。经过一段时间的培养，组员们不仅具备了作为同伴辅导员的素养和能力，而且萌发出了强烈的助人动机。在此基础上，社会工作者组织同伴辅导员与正在社区戒毒康复的人员结成同伴关系，传递戒毒信心。同伴辅导员在同伴面临复吸危机时，通过陪伴劝导，多次成功阻止了复吸事件的发生。在同伴辅导过程中，同伴辅导员提升了辅导能力，实现了自我疗愈，并获得全新的生命价值认知。此外，社会工作者组织同伴辅导员参加禁毒宣传等公益活动，鼓励他们面向社会传播禁毒理念和知识，分享自己的成长和收获。

此次活动中，同伴辅导员体验到了奉献的快乐，发挥了较好的榜样示范作用，也让社会看到了他们的行动所带来的改变。这些同伴辅导员成为了禁毒社会工作服务的重要力量。

问题：

1. 结合案例，说明同伴教育的功效。
2. 结合案例，说明优势视角下社会工作实务的特点。

第二题

某社区属于老旧小区，社区内有不少精神障碍患者。社区工作者老张在社区走访中发现，有些精神障碍患者需要长期服用药物，并需要定期去医院复查，导致家庭经济困难；有些精神障碍患者家属面临着巨大心理和社会舆论等方面的压力，出现了失眠、焦虑等严重的心理和情绪困扰；有些患者家属由于缺少对精神障碍患者的科学治疗和照护知识的了解，采用将患者封锁在家中的方式进行照顾。除此之外，大部分家属表示精神医疗机构的床位有限、收费也相对较高，并且机构数量有限、离家较远，不愿意将患者送到医疗机构中。

在了解到上述情况后，社会工作者老张决定采用社区康复模式为这些患者家庭提供专业服务。于是，老张在"全国助残日"当天设计了一场社区活动，积极宣传精神疾病预防知识；不断鼓励精神障碍患者走出家庭，积极参加社区组织的各项活动；根据该社区实际情况，不仅在社区内部成立了精神障碍患者家庭支持小组，而且还链接社会资源，教授精神障碍患者家庭自制康复器械，帮助精神障碍患者在社区内部实现康复。同时，老张还组织了多场家庭服务，鼓励精神障碍患者家属积极参与患者康复和照顾工作。

问题：
1. 结合社区照顾模式，说明可以为精神障碍患者家庭提供哪些服务。
2. 结合案例，说明社区康复模式的主要原则及具体做法。

第三题

某学校最近发生了学生集体厌学、逃学的情况，社会工作者及时介入开展专业服务。经过调研发现，由于受到不良社会文化的影响，有的学生缺乏学习动机，主观学习意愿较低，个人主动性较差；有的学生拖延症严重，经常因为完不成作业被老师批评；有的学生被家庭过度宠爱，生活自理能力和动手能力极差；有的学生思维比较固化，缺乏创新精神。

社会工作者根据调查结果，计划以加强学生行动力、提升个人把握现实能力为服务目标，以现实治疗法的 3R 理论为指导开展服务，不断鼓励学生要相信自己面对困难时可以做出最佳的抉择，充分肯定自己有抉择的能力；引导学生摆脱负向评价，不要依赖过往的经验，要把握现在，还要注意自己此时此刻的行为和感受；通过主题班会，带领学生复盘反思自己的行为是否正确和恰当。

问题：
1. 结合案例，说明社会工作者提升学生行动力的主要举措。
2. 结合案例，说明社会工作者采用现实治疗法的 3R 理论的内涵及主要做法。

第四题

某社区在安全排查中发现一处被非法占用的地下空间，经过与开发商、物业公司、政府相关部门沟通后，社区决定将该地下空间改造为社区居民活动中心。

改造前期，社区居委会工作人员会同社区志愿者一起在社区宣传栏张贴了社区地下空间改造的通知，提醒社区居民留意施工时间；在此期间，社区工作者与社会工作服务机构的驻点社会工作者通过召开座谈会、家访、街头访问等方式，广泛征求社区居民对社区地下空间改造的意见和建议。此外，社区居委会引入一家社会慈善基金会协助开展空间改造，并适时召开社区会议，与基金会、驻点社会工作者、居民代表、志愿者骨干等一起讨论地下空间的结构布局和空间改造方案。三周后，地下空间改造工作启动，在改造过程中，社区居委会、居民志愿者、基金会、驻点社会工作者等进行了明确的任务分工，各自发挥所长。半年以后，地下空间改造完成，社区组织骨干自发成立了地下空间管理委员会，并制定了地下空间使用说明和管理文件。

问题：
1. 结合案例，说明居民参与的层次及具体表现。
2. 结合案例，说明社区工作者推动了哪些主体参与社区建设。

二、方案设计题（共1题，每题20分，共20分）

某企业社会工作部门对企业退休两年内的职工进行调查，发现不少职工依然不适应退休后的生活，出现了严重的退休综合征：有些职工没有提前考虑退休后的生活，过渡阶段导致心理落差较大；有些职工退休回到家庭后，感觉找不到个人的生活目标和价值；有些职工退休后很少参加企业退休部门组织的活动,与原来同事的关系也疏远了不少。另外,有些职工通过积极参与社区居委会和街道老干部中心组织的各种活动,认识了不少志同道合的新朋友,成功度过了退休过渡阶段。

企业社会工作部门计划以生态系统理论为指导,从个人层面、环境层面、人与环境互动层面设计服务方案,协助退休职工适应生活,享受人生。

要求:

以生态系统理论为指导,设计一份退休职工适应生活的综合服务方案,只需要说明理论要点、各层面的服务目标和服务内容。

考前冲刺试卷（七）

一、案例分析题（共4题，每题20分，共80分）

第一题

某社会工作服务机构通过政府购买服务申请了助老服务项目，驻扎社区开展专业服务，项目周期为一年。该项目执行一年后，进入后期整体验收和评估阶段，社会工作服务机构在正式验收答辩之前自行组织了一场预评估。

该社会工作服务机构以程序逻辑模式（Program Logic Model，简称PLM）为指导对该项目展开效果评估，不但查看了该项目整体的资源投放情况，而且还对该项目开展的各项活动和服务进行了梳理。最后，该社会工作服务机构通过预评估提出了该项目存在的问题：一场重阳节大型社区助老活动实际参与人数12人，存在与预计参与人数50人差别过大的情况，且机构并未说明原因，也没有分析是哪些因素影响了社区居民的参与；一场探访老志愿者社区活动，缺少相应的活动方案策划书、个案探访记录、物资支出清单和档案管理等。针对预评估发现的问题，该社会工作服务机构决定进行先期整改。

问题：

1. 结合案例，说明该社会工作服务机构应该如何分析影响居民参与的因素。
2. 结合案例，说明该社会工作服务机构在项目成效评估中还要评估哪些要素。

第二题

李某，65岁，年轻时在从事建筑行业工作期间因工作失误导致双臂被截肢。李某的家人缺乏如何对病人进行康复治疗的知识，也没有时间和精力照顾李某，因此一年前将李某送至一家离家较远、收费较高的康复机构，并长期居住。一年来，李某在机构内很少跟人交流，既没有朋友，也不参加机构组织的为数不多的康复训练和机构活动，且越来越抵触机构的非人性化制度，家人也很少去探望他。康复机构并未针对李某的表现做出积极有效的反馈。近期，由于机构人员的疏忽，李某在机构中多次出现自杀行为，家人迫不得已将其又接回家中照顾。

社会工作者小美进行家访时，提醒李某的家人尽快清除家里可致命的危险因素，由家人观察李某的变化并及时与小美沟通。虽然小美有丰富的实务经验，但是在初次接触李某时，仍然需要摒弃自己原有的看法，重新看待李某。在与李某交谈时，小美表示很愿意为他提供帮助，并留下了联系方式。当看到李某有些犹豫时，小美告知李某所有的交流内容都不会透露给其他人。除此之外，小美还帮助李某排解压抑情绪，了解他的内心想法，询问他对将来的打算。经过一段时间的上门服务，李某逐渐改善了与家人的关系，并打消了自杀的念头。

问题：

1. 结合案例，说明社会工作者在开展工作时遵守了哪些伦理原则。

2. 结合案例，说明目前机构康复模式存在哪些不足。

第三题

某社会工作服务机构联合 A 社区开展儿童友好社区建设。社会工作者在前期入户调研过程中发现，社区中有不少儿童是跟随父母来到城市生活，虽然基本生活有所保障，但是在社会适应方面出现不少问题：有的儿童语言表达能力存在问题，没有形成良好的个人卫生习惯；有的儿童对自己的身份存在疑惑，不能清楚辨识自己的角色；有的儿童放学后在社区周边闲逛，没有按时回家完成作业的习惯；有的儿童很少参与社区志愿服务活动，出现了小偷小摸的行为问题。

针对上述问题，社会工作者在社区内招募了 10 名儿童作为小组成员开展小组工作，其中一节活动主题是"做名片"，希望通过活动帮助儿童提升自信心。活动开始，社会工作者准备了一次性卡片纸、彩笔、双面胶带等活动材料，并现场讲解了活动规则，鼓励创新；接着邀请组员在卡片纸上制作名片，名片内容包括自己最喜欢的称呼、自己最得意的优点以及自己最喜欢的小动物等。

问题：

1. 结合案例，说明社会工作者为满足儿童社会化的需求需要开展哪些服务。
2. 结合案例，说明社会工作者开展"做名片"活动还需要哪些步骤。

第四题

为积极推进健康中国战略实施，某地医务社会工作者与社区联合为社区内老年人开展评估工作。医务社会工作者主动上门为老年人开展身体健康检查、心理健康评估等；通过对家庭现场资料的收集，补充和验证之前收集到的资料；在提前与老年人沟通清楚评估的用意之后，与老年人更加敞开心扉地交谈；在征得老年人同意后，医务社会工作者将收到的评估信息提供给医院相关部门作为服务设计的基础素材。

经过全方面的评估，医务社会工作者决定针对社区内具有特殊需求的老年人开展个案管理工作。在个案管理过程中，医务社会工作者帮助老年人解决了一些就医、买药等紧急问题，与老年人建立起安全信任的专业关系；服务过程中制订了详细的服务计划，并绘制了详细的工作进度表；医务社会工作者注重发掘老年人的个人优势，提升其对生活和疾病的应对能力；医务社会工作者联合当地医院老年常见病专家、营养膳食专家、心脑血管专家，以及社区卫生站的工作人员为老年人提供院后照顾。

问题：

1. 结合案例，说明医务社会工作者在进行老年人评估时采用的方法。
2. 结合案例，说明医务社会工作者开展个案管理工作的注意事项。

二、方案设计题（共 1 题，每题 20 分，共 20 分）

某职业学校近期连续发生霸凌事件，给学校老师、学生，以及家长造成了较大的困扰。为解决校园霸凌事件，该校采用购买社会服务的方式引入一家社会工作服务机构开展专业服务。

机构在调研中了解到：有的老师因为不知道如何更好地防止霸凌发生，没有及时报告和有效处理霸凌事件,被学校领导和教育部门谈话;实施霸凌的学生长期在学校里以"大哥"自居,并且与社会上不良青年关系紧密,同学们都"敬而远之";遭受霸凌的学生因为长期生活在压抑的环境中,内心充满恐惧,出现不同程度的心理障碍;很多家长对学校和老师表示极度不满,指责他们没有保护好学生。

要求:

依据"人在情境中"的理念,设计一份以"反校园霸凌——营造关怀型校园"为主题的服务方案,只需从个人层面、人际层面、环境层面列出服务目标和服务策略。

考前冲刺试卷（八）

一、案例分析题（共 4 题，每题 20 分，共 80 分）

第一题

某贫困村已成功脱贫摘帽，为进一步落实乡村振兴战略，该村妇女主任带领当地女性成立了一家社会工作服务机构，计划通过申请政府服务项目为该村脱贫的女性开展专项服务，以增强女性个人意识、提升女性家庭地位、解决亲子关系矛盾和减少家庭暴力发生。

在机构运营过程中，由于缺乏相应的机构管理经验，当地县政府邀请了专家团队对该服务机构进行定向督导。专家团队协助服务机构明确了核心服务对象是低收入女性家庭及遇到问题的女性家庭；协助服务机构制定了机构的运营制度和各项规章；协助服务机构对村中的女性建立了台账和个人档案；协助建立了定期的团队督导机制，对机构工作人员的未来发展也制定了详细的规划。经过一段时间的努力，机构管理和运营逐渐步入了正轨，并成功申请到了妇联的项目。

问题：

1. 结合社会工作机构管理，说明社会工作服务机构服务管理的内容。
2. 结合案例，说明应该为社会工作服务机构提供哪些督导内容。

第二题

某社区地处城乡接合部，社区内流动人口较多，引发了不少矛盾和问题。街道引进一家社会工作服务机构，联合驻地社区居委会和社区服务站共同助力社区发展。

该社会工作服务机构在前期需求调研的基础之上，设计了一系列丰富的社区活动：通过开展社区协商议事活动，邀请流动人口和社区多方力量参与社区问题的讨论，并开展相应培训和观摩学习，不断提升社区居民认识问题、分析问题、解决问题的能力；通过开展社区邻里节、百家宴等活动，改善了社区居民之间的关系，促进了流动人口的社区融入；通过开展社区宣传和社区教育，增强了社区居民的社区责任感和主人翁意识；通过招募流动人口担任社区志愿者，充实了社区中的人力资源；通过建立居民的互助小组，营造守望相助的社区邻里新环境。经过一段时间的努力，该社区的情况有了明显好转。

问题：

1. 结合案例，说明社会工作服务机构实现了哪些社区工作的目标。
2. 结合案例，说明社会工作者应该如何进行居民能力建设。

第三题

面对洪涝灾害造成的巨大损失，某地社会工作联合会动员当地社会工作服务机构积极参与灾害救援工作。社会工作服务机构在进入灾区之后，为出现严重心理障碍和危机状态的灾民进行了紧急介入，抓住有利时机进行危机干预；为出现迷茫、无助、失望等心理困扰的灾民提供心理疏导，帮助他们重拾信心，提升解决问题的动力；为失去家人的灾民积极联络其他亲友提供支持和帮助；为出现身心混乱的灾民开展积极的自我探索，发掘个人内在潜能，积极应对困难；帮助遇到相同问题的灾民建立支持小组，鼓励和支持灾民自救互救，提升灾民自身解决问题的能力。

面对家人遇难的情况，有些灾民不能控制自己的自责心理，悲伤不已，并出现了严重情绪问题和行为问题，救灾社会工作者决定采用理性情绪疗法（ABC 理论）开展个案辅导工作，以帮助其排除非理性信念，建立合理信念。

问题：

1. 结合案例，说明社会工作者在进行危机干预时遵循了哪些原则。
2. 结合案例，说明 ABC 理论并分析其相互关系。

第四题

某社区为建设老年人友好社区积极链接社会资源开展相关工作。社区社会工作者积极扮演倡导者角色，通过街头访谈、座谈会、发放问卷等多种方式开展需求调研，形成一份社区老年人需求与问题报告。同时，针对发现的主要问题，社区社会工作者提出要联合社会资源开展社区无障碍设施改造，开展老年人上门助浴等多种服务，形成政策建议并上报给相关政府部门。此外，该社区还引入当地一家社会媒体对建设过程进行跟踪宣传和报道。

在老年人友好社区建设过程中，社区社会工作者积极组织社区内志愿者队伍开展老年人服务，如联合合唱队和舞蹈队定期上门陪独居老年人聊天；组织巡逻队和体育健身队为老年人开展社区无障碍设施知识培训等。同时，社区社会工作者对社区内各类人力资源及各个组织开展能力提升培训，如对社区的志愿者、居民骨干、楼门长、普通社区居民等进行更加合理的分工。此外，社区社会工作者还与周边社区联合开展共建活动，充分利用相邻社区的优势为本社区老年人谋福利，如利用相邻社区的场地开展重阳节活动等。

问题：

1. 结合案例，说明社会工作者倡导者角色的主要技巧。
2. 结合案例，说明老年人友好社区建设过程中资源链接的主要方法。

二、方案设计题（共 1 题，每题 20 分，共 20 分）

某社会工作服务机构在对某市骑手群体的生存和发展状况开展调查时发现，大部分骑手属于"新生代农民工"，他们处于相对弱势地位，遇到困难时主要求助对象为亲友；很多骑手每天工作超过 12 个小时，业余生活单调枯燥；近四成骑手对目前的工作状态不满意，但又不知道未来能做什么；近三成骑手没有任何类型的保险；近五成骑手曾经还发生过不同程度的交通安全事故，事故原因除了天气、路况和车辆状况等因素，主要是担心订单超时而违反交通规则，或担心在家的小孩而心神不宁，或不能被消费者尊重、理解而心理压力大；调查还发现，骑手群体在工作中积累了众多交通安全经验，大多数也有帮助他人的意愿。

基于调查结果，该社会工作服务机构依据系统理论，从微观、中观和宏观三个层面，发起了"关爱骑手,社会工作在行动"服务。

要求:

依据系统理论,设计"关爱骑手,社会工作在行动"的服务方案,只需列出理论要点、服务目标和服务策略。

考前冲刺试卷（九）

一、案例分析题（共4题，每题20分，共80分）

第一题

乡镇社工站的社会工作者小张入户探访时接触到了村里的困境女童小花。经预估发现，小花今年7岁，已经到了正常入学的年纪，语言功能缺失、好动、喜欢画画。2岁之前，小花由奶奶照顾，3岁之后发现有自闭症，与其父母一起生活，生活基本不能自理，吃饭、穿衣、上厕所等都需要人照顾。小花的父母对自闭症一无所知，照顾小花比较困难，教育上也存在严重不足。小花的母亲没有经济收入，所有精力都放在照顾小花身上，还要料理家务，身心压力都很大。小花一家很少与邻居来往，也很少参加村里的活动。

社会工作者小张依据《中华人民共和国未成年人保护法》，为小花一家开展家庭教育指导服务，协助小花父母提升照顾能力；根据小花的健康状况配置了专门的康复治疗师；服务过程中根据小花的发展特点，以小花为中心制订了个性化的成长服务计划；不断鼓励小花及其父母走出家庭，参与社区活动，并协助其家庭建立帮扶小组。

问题：

1. 结合案例，说明社会工作者在预估中收集了哪些资料以及还需要收集哪些资料。
2. 结合案例，说明社会工作者遵循的儿童社会工作原则有哪些。

第二题

服务对象小王，14岁，初二年级学生，与父母共同生活。母亲在当地一家企业工作，父亲常年开货车，家庭经济情况较好，没有生活压力。小王母亲对其学习教育比较严苛，除辅导学习外，很少与小王交流；小王父亲由于长期在外忙于生计，家里事情很少管，都由小王母亲一人操持家事；小王父亲与小王在一起的时间较少，对孩子提出的任何要求都尽量满足，所以小王与父亲较为亲近。在小王初一的时候，父亲给他购买了智能手机，小王开始沉迷于手机游戏，导致学习成绩逐渐下降。近期，小王被母亲发现玩游戏后，从偷玩到"光明正大"地玩，对母亲的劝说从顺从到逆反，导致母子关系紧张，并扬言要离家出走。无奈之下，小王母亲找到了社会工作者求助。

社会工作者发现学校中有不少学生出现类似的情况，经与学校班主任商议，社会工作者决定开展自我管理能力小组工作，帮助这些学生提升自我管理能力，逐步摆脱手机依赖行为。

问题：

1. 结合结构家庭治疗模式，说明服务对象小王的家庭结构。
2. 结合案例，说明社会工作者开展自我管理能力小组工作的目标有哪些。

第三题

服务对象张某，54岁，女，身患帕金森病多年，近几年病情严重，身体僵硬，只能卧病在床，且长期需要有人照顾其生活起居。张某的女儿在外地上大学，明年即将大学毕业。目前，该家庭的主要经济来源是低保补助和女儿勤工俭学的助学金。近期，长期照料张某的护工辞职回乡，导致张某处于无人照料的状态，情绪越来越差，并产生了自杀的念头。张某女儿得知情况后，主动联系了社会工作服务站的社会工作者寻求帮助。

社会工作者经过评估后，决定为张某开展社区照顾服务，社会工作者与张某一起分析了她的社会支持网络，联络了与张某关系较好的表姐，表姐可以每周提供一天的照顾；社会工作者联系了社区的日间照料中心，为张某争取到一个名额，日间照料中心每周安排一名护工提供一天的上门服务；同时，社会工作者与社区内的志愿服务队取得了联系，志愿服务队针对张某制订了专门的帮扶计划，每周安排两名志愿者定期上门服务。此外，社会工作者还跟张某的邻居进行了沟通，邻居们也都表示愿意提供一定的帮助，如处理生活垃圾、取快递、送餐等。

问题：
1. 结合案例，说明服务对象张某及其家庭有哪些需求。
2. 结合社区照顾模式，说明社会工作者提供的社区照顾内容有哪些。

第四题

A社区属于老旧小区，因历史遗留问题导致物业与业委会权责不清。社会工作者在社区走访中了解到，居民抱怨小区存在"停车难、车位少""空间管理混乱""部分楼栋无电梯、改造困难""小区路面不平、下雨排水不畅"等诸多问题。因社区内部缺乏问题提出和解决的渠道，社区内居民矛盾冲突不断升级。

针对物业与业委会长期以来权责不清的情况，社会工作者主动上报街道与区相关部门；社会工作者召集物业、业委会、社区党支部等主体召开多方协调座谈会，会上明确了各方主体的职能和分工；社会工作者确定了下一阶段的社区任务主要是满足居民基本需求、服务社区居民，并通过开展邻里节，不断增强社区居民的归属感和凝聚力；社会工作者注重挖掘社区居民骨干和积极分子，特别注重老党员作为志愿者的示范引领作用；依据相应的法律规定，社会工作者协助社区居民共同制定了公共空间规范管理制度，成立专门队伍对公共空间进行管理。

问题：
1. 结合案例，说明社会工作者开展服务时遵循的原则有哪些。
2. 结合案例，说明该社区要实现的社区社会工作目标有哪些。

二、方案设计题（共1题，每题20分，共20分）

某乡镇社工站的社会工作者在村中走访时发现，村里有不少的留守妇女存在多重问题亟待解决：有的女性缺乏相应的技能，只能做些简单的手工活补贴家用；有的女性在村里遭到了性骚扰，迫于舆论压力，选择了沉默；有的女性是外地嫁过来的，在当地没有朋友，跟亲戚来往也比较少；有的女性因为没有生出男孩而被家里和村里人瞧不起。通过进一步了解发现，由于受到传统观念的影响，男权思想在当地较为严重，大多数村民认为女性就应该在家里操持家务，本分过日子。久而久之，留守妇女也习惯了这种生活状态。

对此，该乡镇社工站的社会工作者决定为这些留守妇女开展专业服务解决其问题，改善其生活状态。

要求：

以"人在情境中"理念为指导，从微观、中观、宏观三个层面，设计一份农村留守妇女支持服务方案，只需列出各层面的服务目标、服务内容及社会工作者的角色。

考前冲刺试卷（十）

一、案例分析题（共4题，每题20分，共80分）

第一题

社会工作者小华在工作中发现，很多家庭在儿童教育方面存在一些问题和不足。为了帮助这些儿童家庭，小华陆续开展了以下活动：通过开展家庭自助小组和亲子互动团队等活动，指导家长更好地履行父母职责；以夫妻双方个人身心素养的成长为基础，开展两性关系和家庭关系课堂，提升夫妻双方的家庭管理协调能力；通过对问题家庭进行治疗和指导，改善家庭成员的关系，恢复家庭的正常功能；通过开展"家庭嘉年华""趣味运动会"等活动，消除子女和父母之间的矛盾和隔阂，增进彼此之间的理解和支持。

经过一段时间的努力，许多儿童家庭有了较大的改善，于是小华准备结案。但是，在与服务家庭进行沟通的时候，很多家庭表现出依依不舍，存在很多的顾虑和担心。社会工作者小华为了打消诸多家庭的疑虑，帮助家庭回顾整个服务过程，明确各个家庭已经改善的地方；同时，进一步强化家庭中父母和儿童的改变和成长，巩固其所发生的改变；最后，小华对每个家庭的能力表示了肯定，并表示会进一步跟进服务，如果遇到问题，还可以及时跟社会工作者保持联络。

问题：

1. 结合案例，说明社会工作者开展了哪些家庭支持服务。
2. 结合案例，说明社会工作者在社会工作服务结案阶段应该如何巩固服务对象已经取得的改变。

第二题

社会工作者在社区走访中发现，许多青少年家庭存在严重的亲子沟通不畅问题。大多数青少年的父母因平时工作繁忙，无暇顾及孩子，当孩子出现问题时，父母往往不分青红皂白便责骂孩子，孩子觉得很委屈，不愿再与父母沟通。

针对上述情况，社会工作者不断提醒父母要承认与接纳孩子的独特性与差异性，充分照顾到孩子不同发展阶段的特点与需求；倡导坚持用发展的眼光看待和理解青少年，发现孩子身上的闪光点，不能随便给孩子贴上标签；并积极与青少年的老师、同学、学校和社会上相关的部门一起合作，为遇到困难的孩子提供多方面的支持等。除此之外，社会工作者还采用了"父母效能训练模式"教导家长如何成为一位有效的"辅导者"，如开设"倾听训练营"，促进父母能够站在子女角度上思考问题；开设"语言训练营"，教会父母更有效地传达信息，减少对子女的语言暴力和语言压迫感，训练生活中减少出现"你必须""你应该"等语言；开设"成长训练营"，让父母清楚表达思想观念，减少矛盾，不混淆、有耐心地与子女进行交流。

问题：
1. 结合案例，说明社会工作者遵循了哪些青少年社会工作的原则。
2. 结合案例，说明社会工作者运用"父母效能训练模式"的内容有哪些。

第三题

社区智力障碍人士小亮，男，10岁。小亮父母因缺乏相应的优生优育知识，没有定期产检，等到小亮出生后才发现其有智力障碍。目前，小亮母亲辞职在家全职照顾小亮，家庭生活主要依靠小亮父亲一人微薄的收入，生活压力巨大。小亮父母在生活上对小亮的照顾无微不至，但越来越感觉力不从心；为了保障小亮的安全，小亮父母几乎不带小亮外出，也很少跟邻居和社区居民来往。由于缺乏正确的特殊教育知识，小亮父母缺少对小亮日常行为的训练。近期，小亮经常彻夜不眠、损坏物品，影响了家庭的正常生活。

社会工作者了解到情况之后，将小亮家庭的情况写成案例，提交给上级部门。同时，社会工作者对小亮家庭进行了家访，并与其父母商议，决定让小亮入住特殊教育学校，帮助小亮学习日常行为规范，提升自我行为管控能力。此外，社会工作者与特殊教育学校的老师一起为小亮与其家庭进行了整体的评估和诊断。在此基础上，社会工作者为小亮的家长、老师与服务团队提供了专业意见并参与制订了具有针对性的服务计划，还联络了残疾人基金会为其家庭提供经济援助。

问题：
1. 结合案例，说明服务对象及其家庭有哪些问题。
2. 结合案例，说明社会工作者在配合特殊教育工作中做了哪些工作。

第四题

某街道召开的多方协商会议中，与会代表普遍反映，目前社区志愿者的参与积极性较高，但志愿服务存在资源碎片化、活动形式单一等问题，难以满足居民的多元化需求。街道调研后，决定从构建多方联动机制入手，委托社会工作服务机构实施"共建美好社区"志愿服务项目。社会工作者走访辖区内的志愿服务组织，了解其专长和运行情况，推动这些志愿服务组织成立志愿服务联盟，建立志愿服务资源库。同时，社会工作者联动社区居委会深入调研居民需求，建立志愿服务供需对接机制，促进志愿服务精准化。在项目运行过程中，社会工作者引导志愿服务联盟广泛吸纳社会组织、社区商户和爱心人士等多方力量的参与，共同解决居民关心的问题；建立志愿服务积分制度，促进志愿服务的可持续开展。随着项目的深化，社区共建共治共享的氛围日益浓厚，社区居民开始以主人翁的姿态更加积极地参与社区事务。

问题：
1. 结合案例，说明社会工作者采取了哪些推动社区多方联动的方法。
2. 结合案例，说明社区社会工作的特点有哪些。

二、方案设计题（共1题，每题20分，共20分）

某街道委托社会工作服务中心开展最低生活保障家庭的入户调查工作。社会工作者在走访调查时发现：有些青少年与父母和亲人的关系都比较疏远，较少考虑家人与朋友的感受;有些青少年缺乏对未来生活的规划,到处闲逛并产生了偏差行为;有的青少年很少参加学校与社区组织的活动,与社会上一些闲散青年接触较多;还有些青少年在出现越轨行为后,习惯用错误的心理防御机制规避问题,缺少正确的人生价值观。

为防止这些青少年走向犯罪道路,协助他们与社会建立起强有力的社会联系,社会工作者计划以"加强青少年与社会的联系、促进青少年健康成长、预防青少年犯罪"为总目标,为这些青少年开展专业服务。

要求:

以社会联结理论的四个核心要素为指导,设计一份预防青少年犯罪的综合服务方案,只需要说明理论要点,服务目标和服务内容。

考前冲刺试卷（十一）

一、案例分析题（共4题，每题20分，共80分）

第一题

某家庭社会工作服务机构针对诸多家庭存在的婆媳关系问题，通过小组工作帮助这些家庭协调家庭关系、改善家庭生态环境，以下对话节选自社会工作者的第一次小组活动记录。

组员A："我的丈夫就是个'妈宝男'，我们结婚这么多年了，孩子都已经大学毕业了，但是他就是没有一点主见，我婆婆说什么就是什么，尤其是在孩子的工作问题上，他们娘俩就总是跟我对着干。"

组员B："我家里的关系比较复杂，我丈夫还有一个未婚的妹妹，我丈夫跟他妹妹特别亲，并且我公婆也特别偏爱我的小姑子，有什么好处先想着他们女儿，一点也不为我们着想，我们孩子才刚刚2岁，公婆都很少帮我们照顾孩子。"

组员C："我觉得我丈夫也挺难的，我们刚结婚不久，我也经常因为生活习惯和观念跟婆婆有意见不合的地方，他总是两头劝，但是也总是劝不好，我也不想让他总是受夹板气。"

组员D："我跟组员A一样，我家里的矛盾主要也是由孩子的问题引起的，尤其是我们家孩子青春期的教育问题，公婆对孩子太过于溺爱，孩子被宠得一点也不像样，在家里蛮横无理，像小霸王一样，在学校也总是招惹是非。"

社会工作者："我对各位组员的问题已经有了大体的了解，请各位再说一下你们的期望吧，希望通过本次的小组工作达到什么样的目标，或者希望我能为大家做些什么。"

问题：
1. 结合案例，说明这些家庭存在哪些病态家庭结构。
2. 结合案例，说明社会工作者应该收集的家庭系统资料有哪些。

第二题

某地发生特大洪水，社会工作服务机构协助政府部门及时疏散、转移和安置受灾群众。机构的社会工作者在救灾过程中发现，有的受灾群众因目睹家园被毁的场景而深陷痛苦，难以自拔；有的受灾群众面对亲人遇难，难以处理极度悲伤的情绪；有的受灾群众害怕洪水再次来袭，时刻处于紧张、无助和恐惧的状态；一些受灾群众认为邻居分配到的饮用水、衣被等应急救助物资比自己多，心生不满，导致邻里关系紧张；还有一些受灾群众担心灾后生计问题，整日忧心忡忡、寝食难安。

救灾社会工作者依据灾害社会工作的步骤，分阶段、分步骤、有重点地落实各项救灾工作，并有针对性地提供专业救灾服务。尤其是在灾后重建过程中，面对有情况特殊的个别灾民家庭，社会工作者决定采用个案管理的办法帮助其顺利度过困难时期。

问题：
1. 结合案例，说明社会工作者可以为灾民提供哪些灾后救助服务。
2. 结合案例，说明在灾后重建中社会工作者采用个案管理的具体方法。

第三题

新入职的社会工作者小王计划为社区内老年人开设支持小组，小组活动计划开展五节。第一节小组活动目标设定为熟悉小组成员，形成良好成员关系和小组氛围。第一节小组活动结束后，有的组员表示热身游戏运动量较大，自己体力不行跟不上活动节奏；有的组员表示小组成员都是老熟人，没有必要再让大家互相介绍，浪费大家的时间；有的组员表示自己还需要接孙子放学，活动结束时间有点晚；有的组员说自己身体情况不好，一次活动90分钟身体受不了。

机构督导老张了解到情况后，及时对小王进行了个别督导，提醒小王在开设老年人社会工作小组时要提前熟知老年人的特征，根据小组成员的共性和个性设计活动内容；在开展小组工作时，面对沉默的老年人，要积极调动其参与的热情；小组活动设计与带领的技巧也要及时更新以适应老年人特征，不能急于求成。

问题：
1. 结合案例，说明开展老年人小组工作需要注意的事项。
2. 结合案例，说明小组活动设计的技巧。

第四题

某社会工作服务机构驻扎社区开展社会工作专业服务。在正式开展服务之前，社会工作者与社区居委会一起采用SWOT分析法对该社区情况进行综合分析，以确定社区发展战略。分析结论如下：该社区属于老旧小区，社区周边的环境和交通较差，缺乏便民超市和设施；社区内老年人居多，居民邻里关系虽然相对比较熟络，但是也经常因为停车位、垃圾清理等问题发生矛盾和冲突；社区内路面、健身器材等硬件设施已多年没有更新改造，社区绿地也没有得到很好的维护，地下空间已经闲置多年并未得到有效开发使用；社区内很多居民养宠物狗，还有大型犬，大部分都没有办理"养犬登记证"。

目前，该社区被纳入当地老旧小区改造范围，计划近期开展电梯安装和绿化设施更新等工作。同时，社会工作服务机构申请了老旧小区服务项目，计划落地该社区开展服务。

问题：
1. 结合案例，说明该社区进行了哪些SWOT内容分析以及还需要分析哪些内容。
2. 依据SWOT分析法，分析该社区应该采用何种发展战略，并说明理由。

二、方案设计题（共1题，每题20分，共20分）

某军休所社会工作服务部在军休所内开展座谈会时了解到，有的军休干部遇到了身心疾病的困扰，尤其是刚刚进入军休所的老干部，出现了严重不适应的情况；有的军休干部反映由于军休所采取半封闭式管理，亲人和朋友较少来探望；有的军休干部提出自从退休后就一直在军休所内活动，想走出军休所为驻地社区和社会做点力所能及的事；有的军休干部反映军休所内开展的活动较少，也比较单调；还有的军休干部认为目前国家的军休政策虽然有所更新和调整,但是他们还希望能够有更好的军休政策和福利待遇。

针对了解到的以上情况,社会工作者计划从多方面着手为军休干部开展专业服务以促进他们的社会融合。

要求:

以延续理论为指导,设计一份军休干部的社会融合服务方案,只需说明理论要点,并分别列出个人层面、环境层面、人与环境互动层面的服务目标和服务内容。

考前冲刺试卷（十二）

一、案例分析题（共4题，每题20分，共80分）

第一题

社会工作者小刘在社区探访中了解到，独居老人张奶奶今年75岁，经济条件良好。张奶奶以前是社区曲艺队骨干，经常外出参加表演。张奶奶最近感觉身体大不如前，偶有头晕胸闷，无法单独外出参加活动。张奶奶的儿子在外地工作，很少回来，女儿出嫁后也因工作忙碌未能常常回家探望。久而久之，张奶奶变得很少下楼，越来越沉默寡言，最近越来越多愁善感且焦虑，感觉自己无用。

经过评估以后，社会工作者联络了社区卫生站的医生定期上门为张奶奶体检；社会工作者动员社区曲艺队队员成立帮扶小组，协助张奶奶日常生活；社会工作者及时联系了张奶奶的子女，并一起商议回家探访的时间安排。同时，社会工作者也积极联络了当地日间照料中心，为张奶奶申请到了服务名额，并将张奶奶的情况撰写成案例，提交给相关部门。

问题：

1. 结合案例，说明社会工作者收集了服务对象哪些资料以及还需要收集哪些资料。
2. 结合案例，说明社会工作者开展服务的目标系统。

第二题

社区戒毒对象阿力，27岁，前后经历了5次强制隔离戒毒。自从阿力吸毒后，家庭婚姻关系彻底破裂，与妻儿也几乎断了联系；阿力有3个兄弟姐妹，但是各自都已成家，平时也很少关心他，关系渐渐疏远。目前，阿力失业在家，与母亲同住，但是由于长期吸毒已经无法承担照顾母亲的责任。由于阿力经常与毒友、赌友来往，原来的朋友很少再跟他交往，身边也缺少积极正向的朋友圈。社区居民更是对阿力一家"敬而远之"，不愿与其有任何交集。

戒毒社会工作者老张了解到情况之后，决定对阿力一家开展帮扶，计划邀请阿力到机构中进行首次面谈。

问题：

1. 结合案例，说明社会工作者为做好本次面谈需要做哪些资料准备工作。
2. 结合案例，说明社会工作者可以为阿力及其家庭建立哪些社区支持网络。

第三题

某企业社会工作部接到由人力资源部门转介来的员工小张，社会工作者小黄接待了小张，并安排了正式面谈。面谈中，小黄倾听了小张近期的苦恼，并未对小张的表现进行批评，而是表达了对他不幸处境的理解，并鼓励和支持小张要积极面对所有问题。小黄明确解答了企业中的相关用人制度和岗位管理条例，表达了自己对擅自离岗的不同看法，指出擅自离岗可能带来的不良后果。同时，小黄表示为帮助员工更好地融入企业，他们设计了一系列心理调适和生涯规划的课程,邀请小张参加。小黄还通过引导小张与主管部门进行积极沟通,澄清问题的原因,以减轻内心的冲突。

面谈结束后,小黄决定采用个案管理方法开展服务。首先与小张及其家人多次沟通,评估目前小张及其家庭遇到的主要问题和需求,并共同制订整套服务计划,在征得他们的同意后开展服务;联系当地医院,为小张的父亲减免住院费用,并积极开展康复工作;推荐小张参加医院组织的"病友家人互助组";动员社区志愿者为小张家进行了募捐;通过与人力资源部门、工会沟通,为小张申请到一笔救助金,缓解其家庭的经济压力。在服务过程中,小黄进行了全程的持续追踪和监督。

问题:
1. 结合案例,说明企业社会工作者的主要角色。
2. 结合案例,说明社会工作者开展个案管理服务遵循的原则。

第四题

某学校接连发生性侵事件,引起学校和社会的广泛关注。学校社会工作部经了解发现,遭遇性侵的大多是女生,由于怕被同学嘲笑、家人担心等,受害学生对其遭遇选择沉默。学校社会工作部积极开展保护行动,当地教育主管部门和公安部门也及时介入,为受害学生安排身体检查,及时做好避孕处理;为出现严重情绪困扰的学生进行创伤应激评估,并积极开展心理干预和情绪疏导。同时,学校社会工作部联络了受害学生家长一起为受害学生提供情感支持和关心保护。

为建设安全校园,学校社会工作部倡议学生家庭、驻地社区与学校一起联合开展行动,保障学生身心健康与人身安全。

问题:
1. 结合案例,说明社会工作者开展了哪些服务以及还需要进一步开展哪些服务。
2. 结合案例,说明"家校社"应如何开展合作以防止性侵事件发生。

二、方案设计题(共1题,每题20分,共20分)

A社区属于典型老旧小区,社区居委会计划联合社会工作服务机构开展专业服务助推社区发展。社会工作服务机构在社区走访中了解到,社区基础设施陈旧并经常出现故障,下水管道堵塞、电梯故障、路灯不亮、马路坑洼等问题突出;社区居民经常因为一些日常琐事而发生矛盾纠纷,不文明养犬、乱停车、装修垃圾处理等问题都是居民邻里关系紧张的诱因;社区原有的几支志愿服务队也较少开展活动;社区居民的参与热情和积极性不高,导致其他社区活动也较难组织起来;社区居民对社区缺乏集体感、归属感与认同感。

社会工作服务机构计划以地区发展模式为指导,组建多支社区志愿服务队,通过广泛动员居民参与,提升社区居民的社区参与及社区建设能力,以解决社区的硬件设施维护、老年人照顾、环境卫生、安全保障等问题,满足社区居民多样化需求。

要求:

以地区发展模式为指导,设计一份社区发展方案,只需说明地区发展模式的含义及实施特点、任务目标和过程目标的内涵及对应的服务内容。

第三部分　考前冲刺试卷参考答案

考前冲刺试卷（一）参考答案

一、案例分析题（共4题，每题20分，共80分）

第一题

1. 社会工作者走访时收集的资料如下。

（1）身体健康情况。案例中提到"老年人因常年劳作，患有多种慢性疾病，需要长期服药"。

（2）心理及情感情况。案例中提到"有的老年人因子女不在身边，无人交流沟通，内心苦闷，患有轻度抑郁症"。

（3）社会功能与社会关系情况。案例中提到"有的老年人与邻里来往较少，与亲戚朋友的关系也比较疏远"。

（4）经济情况。案例中提到"有的老年人缺少固定收入，导致生活水平低下，主要依靠低保金生活"。

（5）自主生活能力情况。案例中提到"还有的老年人患有轻度阿尔茨海默病，自我照顾能力下降"。

社会工作者走访时还需要收集的资料如下。

（1）环境情况。社会工作者需要进一步收集老年人家庭及社区周边的环境状况。

（2）硬件设施。社会工作者需要进一步了解社区周边的硬件设施是否方便老年人的日常生活，是否方便老年人出行、就医等。

2. 乡镇社工站在开展服务过程中促进了如下主体的参与。

（1）社区。案例中提到"社会工作者积极联络社会资源和政府资源，为这些老年人家庭与社区进行适老化环境改造"，社区作为活动开展的主要场域，也是活动开展的主要平台，促进了整个社区的参与和发展。

（2）社会组织。案例中提到"某乡镇社工站与当地老年人协会合作，为留守老年人开展专业服务"，老年人协会属于社会组织的范畴。

（3）社会工作者。案例中提到"社会工作者在社区走访"，社会工作者作为服务的主要提供者。

（4）社区志愿者。案例中提到"社会工作者动员身体状况良好的老年人担任志愿者，并建立起社区志愿者队伍，为不能出门的老年人开展上门慰问服务"，老年人担任志愿者作为人力资源的补充。

（5）社会慈善资源。案例中提到"乡镇社工站还联络一家慈善基金会，在村里开办老年饭桌，以解决独居空巢老人的吃饭问题"，慈善基金会属于社会慈善资源。

第二题

1. 社会工作者依据性别视角开展的家庭社会工作的原则如下。

（1）尊重和接纳现实中家庭形式和婚姻形式的多样性。案例中提到"有的社会工作者表示，服务中接触到离婚家庭和再婚家庭时，不知道如何看待和评价他们的家庭生活"。

（2）重新调整家庭权力，避免发生家庭暴力、冲突与资源分配不均。案例中提到"有的社会工作者表示，由于受到'男尊女卑'文化的影响，不少女性家庭地位低下，被家暴后也不敢声张"。

（3）夫妻双方工作和家庭生活的协调与平衡。案例中提到"有的社会工作者表示，家庭主妇们忙于照顾孩子和家庭，完全没有个人生活和人生价值，丈夫们几乎不参与任何的家庭事务"。

（4）做好父母不仅是一种责任，更需要学习，父亲和母亲的责任同等重要。案例中提到"有的社会工作者表示，很多家庭亲职教育缺失，不少家长在孩子教育方面存在较大问题"。

2. 社会服务机构督导者的建议体现出家庭社会工作的基本假设如下。

（1）提供以家庭为基础的支持。案例中提到"要注意协调家庭成员之间的关系，加强夫妻之间彼此的支持和关心"。

（2）坚持以家庭为中心的理念。案例中提到"要促进家庭成员之间的积极沟通，结合家庭实际生活情况来分析和解决家庭成员的问题"。

（3）采取危机介入的策略。案例中提到"要及时介入家庭暴力事件，总结经验以预防危机的再次产生"。

（4）运用生态视角。案例中提到"还要分析家庭所在的周边环境，链接多种资源为家庭提供服务"。

第三题

1. 当地女性存在无力感的来源及其表现如下。

（1）个人层面，个人内在的负向评价导致女性存在无力感。案例中提到"有些女性遇到家庭暴力后只能默默忍受，认为自己没有能力改变现状"。

（2）人际层面，人际交往方面存在障碍导致女性存在无力感。案例中提到"有些女性表示，日常生活除了做农活就是在家里照顾老人与孩子，几乎没有能够交流谈心的人，与亲戚、邻居走动也很少"。

（3）环境层面，环境方面存在制度、政策等方面的障碍导致女性存在无力感。案例中提到"有些女性想做点手工活补贴家用，但是当地并没有相应的扶持政策为其提供支持和帮助"。

2. 女性在乡村振兴中的积极作用如下。

（1）助力乡村产业发展。案例中提到"社会工作者协助当地女性学习手工技术，用柳条编成篮、筐等生活用品，并协助她们使用智能手机进行直播带货"，体现助力当地的产业振兴。

（2）改善乡村生态环境。案例中提到"成立巾帼志愿服务队，协助当地进行垃圾分类、污水处理等工作"，体现改善当地的生态环境。

（3）推动乡村文明建设。案例中提到"还协助当地组织各种文化活动，丰富当地女性的文化生活"，体现改善当地的文明程度，推动文明建设。

（4）参与乡村社区治理。案例中提到"该赋能项目还注重发挥女性专长，协助解决家庭婆媳矛盾、夫妻关系、子女教育等社区共同性问题"，体现参与社区问题的解决，助力乡村治理。

第四题

1. 社会工作者开展预估的目的如下。

（1）识别服务对象问题的客观因素，如服务对象个人的信息、问题发生的时间及持续的时间等。案例中提到"3月份出狱""出狱后一直在积极努力地找工作""但是都因为我有服刑经历被拒绝了"等都属于客观因素。

（2）识别服务对象问题的主观因素，即服务对象的个人感受及其对问题的认识。案例中提到"我觉得自己太失败了""我也真是后悔之前的经历"等都属于主观因素。

（3）识别服务对象问题的成因及使问题延续的因素。案例中提到"因为我的服刑经历""他们看不起我""我的学历也不高""也没有一技之长"等都属于服务对象目前问题没有解决的主要因素。

（4）识别服务对象及环境中的积极因素，即服务对象及其周边环境中能够为其提供积极正向支持的环境或资源。案例中提到"之前比较好的朋友推荐我去应聘外卖员""后来我又联系了咱们街道的就业指导中心""所以我才来到居委会求助"等都属于积极因素。

（5）决定提供服务的方式和内容。案例中提到"社会工作者计划首先用理性情绪治疗模式的治疗技巧来协助刘某检查自身的非理性信念"属于提供服务的方式和内容。

2. 社会工作者开展非理性信念检查的技巧如下。

（1）反映感受。让服务对象具体描述自己的情绪、行为以及各种感受，从而识别出背后的非理性信念。

（2）角色扮演。让服务对象扮演特定的角色，重新体会当时场景中的情绪和行为，了解情绪和行为背后的非理性信念。

（3）冒险。让服务对象从事自己所担心、害怕的事，从而使情绪、行为背后的非理性信念呈现出来。

（4）识别。根据非理性信念的抽象、普遍和绝对等不符合实际的具体特征分析，了解服务对象情绪、行为背后的非理性信念。

二、方案设计题（共1题，每题20分，共20分）

阶段	主要目标	服务内容	社会工作者的角色
职业咨询	通过综合分析，为残疾人提供综合服务方案	1. 帮助残疾人解答就业过程中遇到的问题 2. 帮助残疾人解读相关的就业政策和福利待遇等 3. 帮助残疾人梳理残疾人就业支持资源	咨询辅导者、政策解读者
职业评估	通过对残疾人进行整体评估，评定其职业水平和职业适应能力	1. 评估残疾人的身体健康状况并判定其身体能力 2. 评估残疾人的心理状况并判定其心理水平 3. 评估残疾人的职业适应性并判定其职业适应能力	服务提供者、评估者
职业培训	通过对残疾人进行就业前和上岗前培训，提升其就业能力	1. 与职业规划师合作进行就业前培训，帮助残疾人掌握职业的相关基础知识和技能，并形成基本的工作能力和工作态度 2. 与职业规划师合作进行上岗前培训，帮助残疾人掌握从事岗位工作的相关知识和技能	教育者、资源联结者
就业指导	帮助残疾人更好地适应岗位，并进行跟踪服务	1. 向残疾人提供劳动力市场、就业方向等信息以及具体的指导意见和建议 2. 针对残疾人职业工作领域中出现的问题提供跟踪服务	咨询辅导者、指导者、支持者、教育者

考前冲刺试卷（二）参考答案

一、案例分析题（共 4 题，每题 20 分，共 80 分）

第一题

1. 该社区的需求类型如下。

（1）感觉性需求，是指社区居民或服务对象感受到或意识到，并用语言表述出来的需求。案例中提到"社会工作者在组织 D 社区儿童家长座谈时，家长普遍反映本社区的卫生状况较差"。

（2）比较性需求，是指社区居民或服务对象将所得到的服务与其他类似社区进行比较，而认为有所差别的需求。案例中提到"相较于周边的社区，本社区开展的儿童服务很少"。

（3）规范性需求，是指专家学者、专业人士、政府行政官员评估而决定的需求。案例中提到"该社区也没有按照儿童友好社区建设规范建立'儿童之家'"。

2. 社会工作者从以下四个方面推动儿童友好社区的建设。

（1）完善社区基本建设。案例中提到"社会工作者在社区需求分析的基础上，联合环卫部门和志愿服务组织，定期清理社区卫生死角，改善社区卫生环境"。

（2）建设安全、益智的儿童游戏场所和设施。案例中提到"与妇联合作建设社区'儿童之家'，为儿童提供安全、健康的活动场所"。

（3）健全社区儿童和家庭服务体系。案例中提到"面向社区中的儿童和家长开展形式多样、内容丰富的服务"。

（4）创新社区儿童参与工作机制。案例中提到"通过成立'儿童议事会'，鼓励儿童为社区事务建言献策"。

第二题

1. 刘大爷的家庭关系如下。

（1）刘大爷家中有三代人，刘大爷、子女、孙辈。

（2）刘大爷今年 65 岁，妻子过世，属于独居空巢老人。

（3）刘大爷与妻子育有一儿一女。

（4）刘大爷的女儿 35 岁，已婚，有一个 5 岁的女儿和一个 1 岁的儿子。

（5）刘大爷的儿子 28 岁，与前妻离婚，2 岁的女儿被判给前妻抚养；刘大爷的儿子与 22 岁女友同居。

2. 社会工作者老王对刘大爷进行评估的方法如下。

（1）选择评估的物理环境（地点）。案例中老王选择家访，即在服务对象家庭中评估。

（2）选择合适的时机进行评估（时间）。案例中提到"老王选择了刘大爷精神状态比较好的上午时间进行家访"。

（3）解释评估的目的。案例中提到"在与刘大爷说明本次家访的目的后，刘大爷明显放松了下来"。

（4）通过观察收集资料。案例中提到"在进入刘大爷家后，老王发现刘大爷一个人居住，生活条件比较艰苦"。

（5）对服务对象情况保密。案例中提到"在交谈中，老王表示希望刘大爷能够充分说明自己的情况，并表示不会将本次家访和刘大爷有自杀倾向的事告诉任何人"。

第三题

1. 社会工作者与救助对象建立专业关系的技巧如下。

（1）同感。社会工作者小张应站在救助对象刘某的角度思考问题，换位思考刘某的困难。

（2）诚恳。社会工作者小张应保持诚恳、开放、真实的态度，实事求是地介绍自己和机构。

（3）温暖。社会工作者小张应对救助对象刘某表示关心，让刘某感受到温暖。

（4）尊重。社会工作者小张要充分信任救助对象刘某，不应持有怀疑态度，要尊重刘某的独特性。

（5）积极主动。在建立关系时，社会工作者小张应表示出积极主动为救助对象刘某提供帮助的意愿和态度。

2. 治疗性沟通在与服务对象建立专业关系阶段的作用如下。

（1）提供支持。通过沟通为服务对象提供多方面支持，更侧重于心理的积极支持和鼓励。

（2）减轻服务对象因求助而带来的内心焦虑。通过沟通缓解服务对象的内心焦虑情绪。

（3）协助服务对象建立对自己和解决自己问题的正确想法。通过沟通帮助服务对象更好地认识自己的问题，并帮助服务对象建立理性信念。

（4）促成服务对象为解决问题采取有效的行动。通过沟通鼓励服务对象为解决问题积极努力，并付出自己的实际行动促成问题解决。

第四题

1. 具有"受虐妇女综合征"的女性有如下特征与表现。

（1）低自尊。案例中提到"于某在谈话过程中一直低着头，不敢抬头看社会工作者，说话声音也很小，做事情蹑手蹑脚"。

（2）暴力循环。案例中提到"开始几次于某还会反抗、争辩，但是被打了几次之后便不再吱声了"。

（3）暴力正常化。案例中提到于某"逐渐将暴力行为看成是自己生活中的一部分"。

2. 社会工作者应该从以下角度干预家庭暴力的发生。

（1）开展心理疏导，为遭到家庭暴力的女性开展心理能力建设，帮助其缓解心理压力，提升自尊与自信。

（2）建立受家暴女性支持小组，帮助遇到相同情况的女性建立支持小组，彼此提供支持，分享缓解压力和避免家暴的方法与经验。

（3）为施暴丈夫建立矫正治疗小组，链接专业资源，帮助施暴丈夫矫正不良的心理与行为，切断施暴行为的源头。

（4）在社区层面积极宣传法律知识，如《中华人民共和国反家庭暴力法》的宣传，让女性掌握相关的法律知识，遇到问题时能够用法律武器维护自己的合法权益。

（5）进行政策倡导，并开展相关工作研究，这有助于国家政策的修订和完善，进一步从宏观层面维护女性的合法权益。

二、方案设计题（共1题，每题20分，共20分）

活动节次	服务目标	服务内容
第一节	建立小组，帮助组员相互认识并建立小组契约与小组规则	1. 破冰游戏 2. 互相介绍，彼此认识 3. 小组成员集体讨论，通过头脑风暴的方式建立小组契约与小组规则 4. 布置家庭作业"我的优点和长处"
第二节	通过小组分享，帮助小组成员建立自信，提升自我效能感	1. 破冰游戏 2. 各小组分组讨论"我的优点和长处"，可以用"我有……""我能……"造句 3. 邀请成功适应城市生活的农民工子女进行经验分享 4. 布置家庭作业"我心目中的城市"
第三节	通过演讲或讲故事，帮助小组成员进一步了解城市生活	1. 破冰游戏 2. 各小组分组讨论"我心目中的城市"并进行分享 3. 通过小组演讲或讲故事的方式讲述"我与城市的故事" 4. 布置家庭作业"我眼中的社区"
第四节	通过社区活动，帮助农民工子女适应社区生活，与居民建立积极的人际关系网络	1. 破冰游戏 2. 通过社区探访，带领小组成员了解所在社区、社区景观和周边设施 3. 通过建立农民工子女与社区本土青少年的陪伴成长对子，协助他们建立起互助网 4. 布置家庭作业"我的收获和成长"
第五节	总结小组收获，分享在小组中的成长，宣布小组活动结束	1. 破冰游戏 2. 各小组分享"我的收获和成长"并制作收获卡片 3. 小组成员制作手工祝福卡并互换祝福卡 4. 宣布小组活动结束

考前冲刺试卷（三）参考答案

一、案例分析题（共4题，每题20分，共80分）

第一题

1. 儿童娱乐与休闲的需要所具有的功能如下。

（1）强身健体的功能。案例中提到"通过与学校合作组织儿童运动会，倡导增加儿童户外运动以增强体质"。

（2）获得同伴认同，得到自我实现的功能。案例中提到"通过与社区合作组建社区儿童互助小组，为儿童建立起朋辈支持网络，并使其分享互助带来的成长经历和感受"。

（3）培养能力的功能。案例中提到"通过与家庭合作组建儿童防性侵小组，提升儿童自我保护意识和自卫能力"。

（4）增进人际关系和改善社交技能、凝聚家庭等功能。案例中提到"通过与'家校社'三方合作开展亲子夏令营，增加儿童之间、亲子之间的交流互动，提升人际交往能力、改善亲子关系等"。

2. "社工课堂"还需要的工作步骤如下。

（1）确定课程主题。通过前期的调研，发现对学生意义重大而学校又缺失的主题，如生涯规划、青春期教育、防性侵知识等内容，与学校、学生、家长一起商定并确定课程主题。

（2）课程设计。按照小组工作的专业要求与学校的相关安排进行小组活动设计，要体现小组工作的完整性和专业性。

（3）体验式教学。采用小组工作的方法开设教学课程，融合体验式教学与小组体验活动的"讲解、带领、解说"三个环节的技巧，灵活完成教学过程。

（4）运用小组工作评估方法评估教学效果及服务成效。采用专业评估方法，如学生满意度评价、学校评价、社会工作者自评等方法评价服务成效。

第二题

1. SWOT分析法的内涵及该社区对应的情况如下。

（1）S，即社区内部的优势。案例中提到"社区基础设施比较完善，社区居民关系相对比较融洽，参与社区活动的积极性也较高"。

（2）W，即社区内部的劣势。案例中提到"社区居民文化素质整体较低，老年人口占比很高，不文明养犬的问题引发了好几起居民冲突事件"。

（3）O，即社区外部的机遇。案例中提到"社会工作服务机构响应政府号召，通过申请政府购买服务的方式"在社区开展专业服务。

（4）T，即社区外部的挑战。案例中提到"社区周边商户大多流动性较高，难以参与到社区的发展与建设中"。

2. 社会工作者运用资源链接的方法满足社区需要的做法如下。

（1）资源整合。社会工作者通过整合社区内的人力、物力、组织等资源，在社区内部形成资源的互补和互依，进而形成合力为社区居民提供所需服务。例如，社区内的多个组织可以联合开展一些大型活动，为社区居民提供更令人满意的服务。

（2）资源共享。社会工作者通过与周边社区进行合作，达成有关协议，引进相邻社区的资源。例如，引进相邻社区的社区组织和服务，同时可以共享该社区良好的基础设施。

（3）资源配置。社会工作者通过分析社区资源的情况，根据资源的特征进行配置，使资源能够发挥最大作用。例如，为促进居民邻里关系融洽，可以多组织一些邻里活动，以形成良好的守望相助的邻里文化。

第三题

1. 社会工作者评估妇女权能的指标如下。

（1）意识层面。案例中提到"社会工作服务机构通过开展社区宣传和教育，帮助当地留守妇女了解和意识到她们处于困境的原因"。

（2）资源使用层面。案例中提到"通过资源链接，帮助她们申请银行小额贷款"。

（3）参与层面。案例中提到"通过开展社区活动，协助她们积极参与社区建设，并搭建起留守妇女之间的互助网络"。

（4）资源的支配层面。案例中提到"通过召开妇女集体大会，协助她们集体讨论开设网上商店销售手工制品"。

2. 促进女性参与乡村振兴工作的保障机制如下。

（1）完善管理机制，助力农村妇女积极参与乡村治理。引导女性积极参与当地的基层民主建设，服务基层治理。

（2）灵活运用现代媒体渠道，为妇女参与乡村振兴营造良好氛围。可以采用多种媒体渠道进行宣传，提升女性在乡村振兴中的作用，并帮助女性学习利用多媒体技术更好地服务乡村振兴。

（3）加强各种教育培训，提升农村妇女整体素质。一是要提高农村妇女接受教育培训的比例；二是采取联合办学、一校多办、日校加夜校等灵活多样的办学形式；三是通过家庭教育等方式开展培训。

（4）建立妇女组织化参与机制，提升农村妇女政治参与能力。依托现有基层妇联组织，发挥妇联在基层治理中的作用，也可以培育代表不同妇女群体利益的新型民间妇女组织或者引入专业社会工作机构，提升女性的参政议政能力。

第四题

1. 社会工作者资料收集的内容和范围如下。

（1）个人信息。案例中提到"王某独自一人居住""基本生活困难""未申请低保"等属于个人信息的范围。

（2）身体状况。案例中提到"出狱后糖尿病加重，目前正在筹钱治病"等属于身体状况的范围。

（3）服务对象的特点与能力。案例中提到"王某现在情绪低落，变得沉默不语，也常感到内心压抑"等是服务对象个人的心理状况,属于服务对象的心理特点范围;案例中提到"王某想为社区做点事情"等是服务对象的个人主动性,属于服务对象的能力范围。

(4)服务对象所处的社会环境。案例中提到"王某到社区居委会报到后就一直待在家中,很少外出""王某在社区散步时经常被居民指指点点,甚至有的居民遇到他时会绕行避开"等是服务对象的人际关系,以及与周边环境的互动,属于服务对象所处的社会环境范围。

2. 社区工作方法运用在矫正社会工作领域中需要注意的问题如下。

(1)进行综合治理,改善矫正对象的生活环境。通过对矫正对象个人的直接服务,协助其评估生活困境,如果符合低保条件,协助其申请低保;也可以帮助服务对象申请医疗救助,解决其就医困难,改善生活状态;整合多种资源改善矫正对象的生活环境。

(2)开展社区教育,培育社区居民接纳、尊重矫正对象的意识和习惯。在社区内通过宣传、教育,清除社区居民对矫正对象的偏见,培育居民能够接纳、尊重矫正对象的意识和习惯,改善其生活的社区环境和人际关系网络。

(3)挖掘社区志愿力量,共同参与社区矫正工作。通过动员社区居民担任志愿者,协助矫正对象解决生活中的实际问题,不断努力扩充开展社区矫正服务的志愿者服务人群,协助社区居委会共同开展社区矫正工作。

二、方案设计题(共1题,每题20分,共20分)

1. 从肯定社区居民参与的价值方面设计服务方案的服务目标和服务内容如下。

(1)服务目标。通过社区教育和社区宣传,肯定社区居民参与的价值。

(2)服务内容。具体包括以下三个方面的服务内容。

1)召开社区研讨会、居民大会等。邀请居民对社区问题、社区活动的安排、社区相关事务等展开讨论,唤起居民对社区问题的关注。

2)举办社区历史图片展。用历史图片展的方式,让社区居民看到居民参与给社区发展带来的变化与影响,改变居民对社区的冷漠态度。

3)开展社区文化宣传。让居民熟悉社区文化,增强社区居民对社区的归属感和凝聚力,进一步提升社区居民参与的积极性。

2. 从提升社区居民参与的意愿方面设计服务方案的服务目标和服务内容如下。

(1)服务目标。通过改变居民参与的方式,提升社区居民参与的意愿。

(2)服务内容。具体包括以下两个方面的服务内容。

1)对社区服务和社区活动进行分类,邀请相关的社区居民参与,尤其是与相关活动主题有紧密联系的居民。例如,开展社区健康讲座,可以重点邀请老年人参加。

2)动员社区居民成为社区志愿者。在开展活动过程中可以有倾向性地邀请相关人员的家人和朋友一起参加活动,进一步感染社区居民。

3. 从提高社区居民参与的能力方面设计服务方案的服务目标和服务内容如下。

(1)服务目标。通过培训等方式,提高社区居民参与的能力。

(2)服务内容。具体包括以下三个方面的服务内容。

1）开展相关主题的培训。采用个别培训或小组训练的方式，帮助居民了解参与各类组织与活动的过程，提高居民表达、沟通、讨论等技巧和能力。

　　2）开展社区漫步活动。协助社区居民掌握社区的基本情况和信息，在讨论过程中能够充分论证，提升他们自己的信心。

　　3）妥善处理好时间和资源缺乏的问题。申请相关的项目经费解决资金问题，制定好制度并合理安排时间，做好相应的规划，以便从整体上把握时间和资金问题。

考前冲刺试卷（四）参考答案

一、案例分析题（共4题，每题20分，共80分）

第一题

1. 在对社区内的老年人开展评估时，小王应该注意的问题如下。

（1）平衡好老年人自立和依赖他人的需要。在评估的时候，小王应该让老年人完成自己能完成的事情；老年人自己不能完成的，不要为了面子而过于自立，以免造成伤害。

（2）保护老年人的隐私权。在对老年人开展评估时，需要保护老年人的隐私，有些问题不能保密时，需要征得老年人的同意。

（3）注意老年人个体的差异性。在评估时要采用个别化的方法，不能"一刀切"，针对不同的老年人要采用不同的方法进行评估。

（4）尊重老年人的自我决定。在评估时，需要征得老年人的同意；评估过程中，当老年人有自我决定的能力时，要充分尊重老年人的决定。

（5）关注最初提议做评估的人。最初提议做评估的人，很可能是常年生活在老年人身边的人，社会工作者应该及时与其沟通，进一步详细了解老年人的情况。

2. 小王需要的督导内容如下。

（1）教育性督导。督导老师需要教授小王有关老年人生理、心理与社会方面的知识，包括如何与老年人建立关系、对老年人进行评估的方法和技巧、对老年人开展工作的过程和技巧等。

（2）行政性督导。督导老师需要为小王明确工作任务，合理分配小王的工作，及时与小王进行沟通交流并充分授权小王开展相应工作，同时监督其工作并及时进行工作总结。

（3）支持性督导。督导老师需要为小王提供情感支持，缓解小王的压力，给予关怀与支持，肯定小王的努力及工作价值，引导小王发现其工作成效并获得满足感与价值感。

第二题

1. 应该为青少年提供的外在保护因素如下。

（1）建立正面连接关系。案例中提到"这些青少年的父母很少关心他们的学习和生活，只是给够生活费"，因此应该帮助青少年与朋辈、父母、老师以及社会建立起积极正向的连接关系。

（2）营造支持的环境。案例中提到"学校也没有为遇到家庭问题、行为问题和心理问题的青少年链接相应的资源"，因此应该链接一切可以动员的环境资源为青少年提供支持。

（3）合理规划期望。案例中提到"老师和父母对这些青少年也没有太高的期望，只是希望他们不要惹是生非，能够顺利毕业"，因此应该帮助青少年树立"志当存高远"的人生目标，树立合理的人生理想。

（4）界定清晰的规范。案例中提到"学校并未对这些青少年开展法律知识和规章制度的教育,使得他们很容易触碰法律红线",因此应该为青少年提供相关法律知识教育与培训,提高他们的法律意识、规则意识,形成正确的"是非观"。

(5) 提供社会参与机会。案例中提到"当地政府也没有给予这些青少年足够的关心与照顾,没有给他们提供参与相关社会活动的机会",因此应该倡导社会为青少年创造参与有意义的集体活动和社会活动的机会,提供更多实习、学习与参观交流的机会,帮助青少年树立正确的价值观,提升其自信心。

2. 社会工作者可采用如下专业方法帮助这些有特定需要的青少年。

(1) 危机介入。通过多专业合作方式协调资源,以"中途之家""类家庭""收寄养"等方式为不适合家庭居住的青少年提供安置服务,进行综合援助。

(2) 家庭治疗。以家庭为介入单位,探索青少年问题背后的家庭结构和互动关系,促进家庭内在系统的改变,优化青少年成长的家庭环境。

(3) 外展服务。深入这些青少年经常出入的场所,如酒吧、网吧等,主动发现青少年的需要,并与其建立良好的专业关系,及时联系有关部门开展相应保护等服务。

(4) 历奇辅导。将这些青少年组织起来带离舒适区域,进入低冒险区域,通过体验性活动经历新奇,促进他们实现自我探索、自我察觉与自我成长。

(5) 朋辈辅导。为这些青少年建立起交友平台,组建成长小组,促进朋辈之间的交流与沟通,帮助其成长。

(6) 向导服务。为这些青少年寻找人生导师,通过一对一的长期陪伴,帮助青少年树立正确的人生观,养成良好的行为习惯。

第三题

1. 社会工作服务机构为低保户提供的专业服务如下。

(1) 心理与情绪疏导服务。案例中提到"邀请经济学专家为低保户讲解经济规律,减少低保户对市场的担心,缓解其焦虑情绪"。

(2) 资源链接服务。案例中提到"邀请经济学专家为低保户讲解经济规律""聘请当地市场销售人员担任成长导师""邀请网络主播教授直播带货的技巧""社会工作服务机构联合当地行业协会和商会,联系了一批当地企业商谈合作"等。

(3) 能力建设服务。案例中提到"持续为低保户开展市场营销能力培训,提升其市场营销能力""教授直播带货的技巧"等。

(4) 社会支持网络建设。案例中提到"帮助当地低保户搭建了'一对一'帮扶对子"。

(5) 持续跟踪服务。案例中提到"对村里成功脱贫的人员定期进行跟踪服务"。

2. 社会救助社会工作发挥的功能如下。

(1) 协助服务对象申请适合的救助项目。案例中的服务对象本身就是最低生活保障制度的覆盖对象,帮助他们申请到相应的救助,发挥了社会救助社会工作的功能。

(2) 协助服务对象提升反贫困能力。案例中提到不断提升服务对象的市场营销能力、直播带货能力等,这些都是对服务对象进行能力建设,不断提升其能力。

(3) 促进服务对象的社会融合与社会支持。案例中提到为该村链接了多种资源,并将该村发展成为企业定点收购点,搭建了"一对一"帮扶对子,这些都在不同程度上促进了服务对象的社会融合，为其搭建了多元社会支持网络。

（4）疏导和解决服务对象的心理困扰。案例中提到减少服务对象对市场的担心，缓解其焦虑情绪，这些是对服务对象心理困扰的疏导和解决。

第四题

1. 乡镇社工站在参与乡村振兴中的主要工作内容如下。

（1）多渠道链接资源，发展生态友好产业。案例中提到"与当地文化和旅游局合作，将该村现存的民国时期民房重新粉刷修缮，开发成网红打卡点"属于协助当地发展产业，助力当地村民改善生活条件。

（2）提升村民社区意识，改善农村人居环境。案例中提到"积极动员村民参与乡村的道路修整和路灯铺设，完成全村厕所和厨房的改造工作"属于推动农村社区人居环境条件的改善，保护农村社区乡土特色和田园风光。

（3）开展乡村文体服务，传承民族民间文化。案例中提到"通过了解该村村史，协助完成村史的编纂工作，并深度挖掘该村独特的历史故事和历史人物，形成绘本"属于推动当地的文化发展与文化传承。

（4）培育乡村自组织，增强村民主体意识。案例中提到"联合退休的乡村教师、乡村医生等有知识、有文化的村民，针对村中的共性问题展开讨论，并搭建'凉亭议事会'，协助村民积极参与村集体问题的解决"属于运用参与式发展的理念，提升村民的主体意识，以平等的方式共同推动乡村问题的解决。

（5）评估乡村的需求，积极倡导社会政策。案例中提到"乡镇社工站的社会工作者通过社区走访以评估和了解村民的需求，并形成报告提供给相关政府部门"属于社会工作者扮演评估者和倡导者角色，发挥政策倡导功能。

2. 乡镇社工站的做法实现的社区工作目标如下。

（1）促进居民参与，解决社区问题。案例中提到"积极动员村民参与乡村的道路修整和路灯铺设，完成全村厕所和厨房的改造工作""联合退休的乡村教师、乡村医生等有知识、有文化的村民，针对村中的共性问题展开讨论，并搭建'凉亭议事会'，协助村民积极参与村集体问题的解决"等都属于促进居民参与社区事务，解决村里的共性问题。

（2）改善邻里关系，提升社区意识。案例中提到"村民自发组建合作社开展联合经营，形成自助互助的村集体文化"属于改善并促进邻里关系，形成村民共同体意识。

（3）挖掘社区资源，满足社区需求。案例中提到"联合退休的乡村教师、乡村医生等有知识、有文化的村民，针对村中的共性问题展开讨论"属于典型的挖掘社区中的人力资源，满足社区自治的需求。

二、方案设计题（共1题，每题20分，共20分）

1. 低保家庭社会支持网络建构服务方案的理论假设如下。

（1）人类的生存需要与他人合作，并且依赖他人从而获得协助。

（2）人的一生中都会遭遇一些可预期的和不可预期的事件发生。

（3）人们在遭遇一些事件时，需要自身资源以及外部资源的支持。

（4）当人们遭遇事件处于压力之下时，社会支持网络能够缓解负面的压力。

（5）一个人所拥有的社会支持网络越强大，越能够更好地应对来自外部的挑战。

（6）社会中的困难群体需要强化他们的社会支持网络，增强社会支持功能。

2. 从整合社会支持网络资源的角度建构低保家庭社会支持网络的服务目标和服务内容如下。

（1）服务目标。帮助服务对象整合周边的社会资源，形成资源合力帮助服务对象解决问题。

（2）服务内容。具体包括以下两个方面的服务内容。

1）社会工作者协助整合周边的正式支持资源，联合当地的政府部门、社会组织、辖区内企业一起为服务对象提供支持和帮助，解决服务对象实际生活困难。

2）社会工作者协助整合周边的非正式支持资源，联合服务对象的亲友适时提供帮助；协助服务对象与邻里建立起帮扶队伍，为服务对象提供情感和物质支持。

3. 从丰富社会支持网络成员构成的角度建构低保家庭社会支持网络的服务目标和服务内容如下。

（1）服务目标。帮助服务对象丰富其社会支持网络中的成员，扩充支持网络中的人员数量和规模。

（2）服务内容。具体包括以下两个方面的服务内容。

1）社会工作者在社区内开展社区活动，协助服务对象与社区居民建立联系，认识社区内的更多居民；与居民建立起互助队伍和志愿者网络，提升服务质量。

2）社会工作者协助链接社区外部资源进社区开展服务，如邀请相关部门进社区进行政策宣传，帮助服务对象接触更多社区外部资源，如社会组织、企业、相关政府部门等。

4. 从发挥社会支持网络功能的角度建构低保家庭社会支持网络的服务目标和服务内容如下。

（1）服务目标。协助服务对象社会支持网络中各主体发挥应有功能，精准帮助服务对象解决问题。

（2）服务内容。具体包括以下三个方面的服务内容。

1）为服务对象提供物质协助，链接社区外部企业、社会组织、志愿者个人等，为低保家庭提供物质方面的援助，切实解决经济困难。

2）为服务对象提供精神慰藉，发挥服务对象亲友网络、社区居民志愿者网络等，为遇到心理问题的服务对象提供心理疏导和精神抚慰。

3）为服务对象寻找解决问题的关系渠道，协助其通过合法合规的方式，解决自己的问题、反映自身的需求。

考前冲刺试卷（五）参考答案

一、案例分析题（共4题，每题20分，共80分）

第一题

1. 社会工作者收集到的信息对应的老年人自杀评估的线索如下。

（1）行为线索，即老年人通过一系列行为表现出有自杀的可能性。案例中提到"陆续将存款分成几批转到了子女的账户中""多次回到农村老宅子，并跟旧友道别""床头柜里有不少安眠药片，还有一把水果刀"等。

（2）间接线索，即老年人虽然没有直接表明要自杀，但是间接表现出要离世的想法。案例中提到"无意中提到，他不在了之后儿女们要相互扶持，还跟子女提起将来去世后不开追悼会，就让他安安静静地走"。

（3）直接线索，即老年人直接说出想自杀或不想活，最直接表明其意图。案例中提到"赵大爷很早以前曾经说起过活着也没啥意思，还不如一死了之"。

2. 以"人在情境中"为指导，社会工作者干预老年人自杀问题采取的策略如下。

（1）微观层面。在老年人个人层面，设定短期目标，帮助老年人缓解目前的压力；与老年人达成安全协议，让他答应在下次探访前不要自杀。

（2）中观层面。在老年人家庭层面，清除家庭中存在的危险因素，如药物、绳索等，保证老年人的生命安全；提醒家庭成员密切关注老年人的行为；联合老年人的家人或亲友在老年人艰难时给予陪伴；调解老年人的家庭关系，解决老年人与子女之间的矛盾和冲突。在社区层面，动员社区志愿者及时探访并陪伴有自杀倾向的老年人；社区设立紧急救护系统，为遇到危机的老年人及时提供危机干预；在社区内开展敬老、孝老文化宣传，为社区营造良好的文化氛围。

（3）宏观层面。在社会层面，积极完善并落实维护老年人权益的政策，维护老年人的合法权益；建立老年人自杀评估系统，为社区配置专门服务老年人的社会工作者；建立老年友好型社会，倡导关心爱护老年人的社会文化，为老年人营造友爱的社会环境。

第二题

1. 社会工作者小刘在会谈时面临如下挑战。

（1）时刻留意服务对象对接受帮助的看法，并适时做出调整。案例中小刘问到"那你需要我为你做些什么"。

（2）服务对象表示怀疑和挑剔属于正常现象，社会工作者要以平常心对待。案例中小亮说到"我也不知道你是否能够真正理解我的感受，也不知道你能帮我做些什么"。

（3）需要时刻保持对服务对象的敏感性。案例中提到社会工作者观察到小亮有一些特别的表现，如"小亮身体有点颤抖""小亮攥紧了拳头，眼神十分吓人"等。

（4）社会工作者要避免表现出自己的专业权威性，要与服务对象建立平等的关系。

案例中小刘说"我是专业的社会工作者,我能够为你提供各种服务"时,就没有做到这一点。

2. 社会工作者运用了如下建立专业关系的技巧。

(1) 同感,即换位思考,站在服务对象角度上思考问题。案例中社会工作者提到"听了你的经历,我能够明白你现在的心情"。

(2) 诚恳,社会工作者与服务对象能够坦诚相待,交换彼此真实的信息和想法。案例中社会工作者提到"我愿意做你的听众,你完全可以相信我"。

(3) 温暖与尊重,社会工作者表示出对服务对象的关心与尊重,关注到服务对象的各种表现。案例中社会工作者提到"我能理解你想报仇的心理,但是我们应该一起想办法避免这样的事情再次发生,而不是去报仇,让问题更恶化。你觉得呢"。

(4) 积极主动,社会工作者表现出主动为服务对象提供帮助。案例中社会工作者提到"那你需要我为你做些什么"。

第三题

1. 依据布雷德绍的需要类型对该社区进行需求分析如下。

(1) 感觉性需要,即社区居民或服务对象感受到或意识到,并用言语表述出来的需要。案例中提到"一些老年人反映年龄大了,行动不便,需要社区志愿者提供出行协助服务"。

(2) 表达性需要,即社区居民或服务对象把自身的感觉通过行动表达出来的需要,如申请服务、排队等候服务等。案例中提到"一些老年人表示目前退休金较低,生活困难,多次去相关部门反映情况无果""一些老年人因为孙辈教育问题,经常与子女发生冲突,希望社会工作者出面协调其家庭关系"等。

(3) 规范性需要,即由专家学者、专业人士、政府行政官员评估而决定的需要。案例中提到"社会工作者在社区观察中发现该社区没有按照当地政府规定配置相应的活动场所和健身器材等"。

(4) 比较性需要,即社区居民或服务对象将所得到的服务与其他类似社区进行比较认为有所差别的需求。案例中提到"也有一些老年人反映与相邻社区比较,本社区文化活动太少,缺少展示才艺的舞台"。

2. 可以通过构建如下社区支持网络来满足该社区老年人的需求。

(1) 个人网络,针对老年人个人的现存人际关系以及其所置身的环境内具有发展潜力的成员,通过建立联系和提升助人能力,让这些成员来协助老年人。例如,通过调解老年人与家庭成员之间的矛盾,搭建起老年人的个人网络满足老年人个性化需要。

(2) 志愿者联系网络,将老年人与可以提供帮助的志愿者联系起来,建立一对一的帮助关系。例如,通过建立志愿者网络,满足老年人出行协助需要。

(3) 互助网络,将具有相同问题或具有相似兴趣或能力的老年人聚合在一起,帮助他们建立联系,促进他们互相帮助和互相支援。例如,可以搭建起老年人兴趣娱乐小组,满足老年人精神娱乐的需要。

(4) 邻里协助网络,将社区中的邻里、社区商店员工、物业公司职工、保洁员、保安员等可以提供协助的资源组织起来为老年人提供支持，满足老年人多样化需求。

第四题

1. 妇女的性别需求类型如下。

（1）实用性社会性别需求，即在社会生活中为了满足妇女因其传统被社会承认的角色而产生的需求，不会挑战传统的性别角色和分工模式。例如，案例中提到通过合作社发展刺绣产业，满足了当地妇女的生计问题，即满足了实用性社会性别需求。

（2）战略性社会性别需求，即由于妇女在社会中的从属地位而产生的需求，满足这类需求可以协助妇女取得更多的平等权利，改变现存的分工模式和角色，挑战妇女的从属地位。例如，案例中提到帮助妇女成立自治小组，讨论日常生活和参与村寨事务，即满足了战略性社会性别需求。

2. 结合性别视角的妇女社会工作方法，与妇女建立关系的技巧如下。

（1）具有性别敏感性地倾听、反映感受和表达同感。
（2）接受和协助妇女厘清责任归属，而不是责怪她们。
（3）鼓励妇女表达个人化的故事和经验。
（4）肯定妇女在家庭中所承担责任的价值。
（5）尊重妇女的语言表达逻辑，帮助妇女接纳自己的情绪。
（6）社会工作者和服务对象建立平等关系。

二、方案设计题（共1题，每题20分，共20分）

主题		退役不孤单，生活更出彩
理论要点		社会支持理论认为，人的生存需要与他人合作，以及依赖他人的协助，一个人所拥有的社会支持网络越强大，就越能应对各种来自环境的挑战。社会支持网络分为正式社会支持网络和非正式社会支持网络，前者是指社会正式组织给予的支持，后者是指来自亲友、邻里等人际互助网络的支持
需求评估		社会工作者通过问卷调查、访谈等方式了解退役军人的需求如下：①重塑其与家人、朋友的关系网络；②解决实际生活困难；③了解国家就业政策和就业市场；④舒缓情绪问题；⑤提升个人就业能力
总目标		帮助退役军人重新建构社会支持网络，适应退役以后的生活，并提升其就业能力，促进退役军人就业
成员招募		略
项目初期	具体目标	帮助退役军人调整心态，缓解情绪压力
	服务内容	通过小组活动分享当前的生活、精神状态及对退役的看法等；邀请成功度过这一阶段的退役军人分享经验和方法；开展减压游戏，帮助退役军人缓解个人情绪等

续表

项目中期	具体目标	帮助退役军人对自己、社会环境和就业政策有更全面的了解
	服务内容	协助组员制定职业生涯规划，并进行自我职业性格分析；介绍社会大环境和就业政策，促进组员转变观念、提升能力
项目后期	具体目标	帮助退役军人进行职业准备，为求职做好准备
	服务内容	邀请职业规划师为组员进行求职技巧培训；介绍就业信息，发布就业信息，对接就业资源等；进行求职模拟和角色扮演等
预算、估计、困难、评估等		略

考前冲刺试卷（六）参考答案

一、案例分析题（共 4 题，每题 20 分，共 80 分）

第一题

1. 同伴教育的功效如下。

（1）改善自我认同、提升自信、获得价值感。案例中提到"社会工作者组织同伴辅导员与正在社区戒毒康复的人员结成同伴关系，传递戒毒信心"。

（2）明确自身定位，获得使命感和责任感。案例中提到"社会工作者组织同伴辅导员参加禁毒宣传等公益活动，鼓励他们面向社会传播禁毒理念和知识，分享自己的成长和收获"。

（3）增强同伴辅导动力，提升生活意义。案例中提到"同伴辅导员提升了辅导能力，实现了自我疗愈，并获得全新的生命价值认知"。

（4）增强戒毒康复人员抵御毒品诱惑的能力。案例中提到"同伴辅导员在同伴面临复吸危机时，通过陪伴劝导，多次成功阻止了复吸事件的发生"。

（5）树立弃恶从善、改过自新的榜样。案例中提到"同伴辅导员体验到了奉献的快乐，发挥了较好的榜样示范作用"。

2. 优势视角下社会工作实务的特点如下。

（1）非疾病假设。案例中社会工作者不是以"问题""疾病"等视角看待戒毒人员和康复人员，而是从完全不同的角度来思考和看待服务对象。

（2）在服务过程中始终重视服务对象的优势。案例中采用的同伴教育，目的是发挥成功戒毒人员的优势，重在体现其优势所发挥的积极作用。

（3）强调整合性干预服务，对经验予以关注。案例中通过成功戒毒人员的成功经历来帮助吸毒人员进行戒毒，对过往的成功经验进行关注。这不仅关注到了他们的社会价值，而且还提升了他们的个人自信心，体现了整合性的社会工作服务。

第二题

1. 结合社区照顾模式，可以为精神障碍患者家庭提供如下服务。

（1）经济援助或协助其申请适合的救助项目。案例中提到"有些精神障碍患者需要长期服用药物，并需要定期去医院复查，导致家庭经济困难"，因此可以协助其申请适合的救助项目，同时可以为困境家庭募捐等，解决其经济困难问题。

（2）心理疏导和压力缓解。案例中提到"有些精神障碍患者家属面临着巨大心理和社会舆论等方面的压力，出现了失眠、焦虑等严重的心理和情绪困扰"，因此可以联系心理专家为其提供心理疏导，缓解其心理压力，解决其心理障碍问题。

（3）照顾者知识培训及照顾能力提升服务。案例中提到"有些患者家属由于缺少对精神障碍患者的科学治疗和照护知识的了解，更多采用将患者封锁在家中的方式进行照顾"，因此需要为其提供精神疾病知识和照顾能力培训。

（4）社区照顾服务。案例中提到"精神医疗机构的床位有限、收费也相对较高，并且机构数量有限、离家较远，不愿意将患者送到医疗机构中"，因此需要为该社区提供相应的照顾设施和能力建设，开展社区照顾服务。

（5）喘息服务及照顾者支持网络建设。案例中提到照顾者的压力也较大，因此需要为照顾者建构新的社会支持网络，如邻里互助小组、志愿者服务等，协助其减轻多重压力。

2. 社区康复模式的主要原则及具体做法如下。

（1）因势利导原则。案例中提到"老张在'全国助残日'当天设计了一场社区活动，积极宣传精神疾病预防知识"。

（2）社会化的原则。案例中提到"不断鼓励精神障碍患者走出家庭，积极参加社区组织的各项活动"。

（3）因地制宜原则。案例中提到"根据该社区实际情况，不仅在社区内部成立了精神障碍患者家庭支持小组"。

（4）因陋就简原则。案例中提到"链接社会资源，教授精神障碍患者家庭自制康复器械，帮助患者在社区内部实现康复"。

（5）康复对象及家庭积极参与的原则。案例中提到"老张还组织了多场家庭服务，鼓励精神障碍患者家属积极参与患者康复和照顾工作"。

第三题

1. 社会工作者提升学生行动力的主要举措如下。

（1）引导学生主动领受任务。案例中提到"有的学生缺乏学习动机，主观学习意愿较低、个人主动性较差"，因此需要用活动或游戏的方式，引导学生积极主动领受老师布置的任务，以提升学生的主动性和能动性。

（2）培养立即行动习惯。案例中提到"有的学生拖延症严重，经常因为完不成作业被老师批评"，因此需要培养学生有了想法就立即行动的习惯，防止拖延症的发生。

（3）训练动手操作能力。案例中提到"有的学生被家庭过度宠爱，生活自理能力和动手能力极差"，因此需要通过各种课程实验活动、校内外实践活动、课外实训活动等提升学生的动手操作能力，以更好适应社会生活。

（4）培养冒险精神。案例中提到"有的学生思维比较固化，缺乏创新精神"，因此需要通过历奇辅导、野外训练、素质拓展等方式培养学生的冒险精神，在此过程中不断提升创新精神。

2. 社会工作者采用现实治疗法的3R理论的内涵及主要做法如下。

（1）责任（Responsibility），强调每个人都拥有做出正确抉择的能力。案例中提到"不断鼓励学生要相信自己面对困难时可以做出最佳的抉择，充分肯定自己有抉择的能力"。

（2）现实（Reality），强调服务对象此时此刻的行为和感受，唯有把握现在才能获得成功。案例中提到"引导学生摆脱负向评价，不要依赖过往的经验，要把握现在，还要注意自己此时此刻的行为和感受"。

（3）正确（Right），要求服务对象经常评价自己的行为是否做得正确、恰当。案例中提到"带领学生复盘反思自己的行为是否正确和恰当"。

第四题

1. 居民参与的层次及具体表现如下。

（1）告知。案例中提到"在社区宣传栏张贴了社区地下空间改造的通知"。

（2）咨询。案例中提到"通过召开座谈会、家访、街头访问等方式，广泛征求社区居民对社区地下空间改造的意见和建议"。

（3）协商。案例中提到"与基金会、驻点社会工作者、居民代表、志愿者骨干等一起讨论地下空间的结构布局和空间改造方案"。

（4）共同行动。案例中提到"在改造过程中，社区居委会、居民志愿者、基金会、驻点社会工作者等进行了明确的任务分工"。

（5）社区居民自治。案例中提到"社区组织骨干自发成立了地下空间管理委员会，并制定了地下空间使用说明和管理文件"。

2. 社区工作者推动了如下主体参与社区建设。

（1）社区。改造过程中，社区居委会动员了社区中的多种力量参与其中，整个社区成为推动社区建设的主战场。

（2）社会组织。改造过程中，社会组织在参与社区会议、参与改造以及后期的地下空间管理过程中发挥了很大作用。

（3）社会工作者。改造过程中，社会工作者在征求居民意见、开展社区会议、进行空间改造中多次参与社区建设。

（4）社区志愿者。改造过程中，社区志愿者在通知宣传、征求居民意见、开展社区会议、进行空间改造中多次参与社区建设。

（5）社会慈善资源。改造过程中，社会慈善基金会在参与社区会议、参与改造过程中发挥了积极作用。

二、方案设计题（共1题，每题20分，共20分）

1. 生态系统理论的基本理论要点如下。

（1）从人们所在系统与其他不同系统之间的关联层面进行切入，分析和理解个体、家庭、群体和社区的社会生活功能发挥情况，并进行相应的介入干预。

（2）人生来就有与环境互动的能力，人与环境的关系是互惠的。

（3）人行动是有目的的，人类遵循适者生存的法则。

（4）人的问题是生活过程中的问题，对个人的判断和理解必须在其生存的环境中进行。

（5）依据生态系统的四个层次，分析个体、家庭、群体和社区与其所处环境的互惠关系。

（6）介入方向应该是多元的，整合多因素的作用。

（7）通过多因素介入找出多种问题的解决之道，社会资本构建和集体效能增进是满足需求和解决问题的重要措施。

2. 从个人层面设计退休职工适应生活综合服务方案的服务目标和服务内容如下。

（1）服务目标。协助退休职工积极调整心态，提升个人应对能力，顺利度过退休过渡期。

（2）服务内容。具体包括以下两个方面的服务内容。

1）开展心理疏导。协助出现心理问题的退休职工调整心态，积极应对生活变化。

2）搭建社会支持网络。协助退休职工积极搭建社会支持网络，帮助退休职工解决生活适应问题。

3. 从环境层面设计退休职工适应生活综合服务方案的服务目标和服务内容如下。

（1）服务目标。协助改善退休职工周边的企业、社区及社会环境，为其营造一个友善的氛围，以达到间接服务退休职工的目的。

（2）服务内容。具体包括以下三个方面的服务内容。

1）开展社区宣传教育，营造积极友善的社区环境，引导居民充分尊重退休职工。

2）开展社会层面的宣传，营造一个社会大众尊重、善待退休职工的社会环境。

3）开展政策倡导工作，呼吁相关部门出台相关政策，指导企业积极开展退休职工的后续服务，以及退休之前的预防工作。

4. 从人与环境互动层面设计退休职工适应生活综合服务方案的服务目标和服务内容如下。

（1）服务目标。加强退休职工与周边环境的互动，从周边环境中汲取能量、挖掘资源，协助其更好地适应退休生活。

（2）服务内容。具体包括以下四个方面的服务内容。

1）开展家庭服务，动员全体家庭成员帮助退休职工及时调整生活状态，协助退休职工顺利度过艰难时刻。

2）开展企业宣传教育活动，在企业内部开展退休生涯规划的课程或活动，让临近退休职工提前了解相关情况，以便及时储备相关知识。

3）在社区内开展退休职工适应小组活动，协助社区内退休职工进行心态调整，通过经验分享、知识教授等活动协助组员提升心理调适能力和生活适应能力。

4）积极组织开展多种社区活动，邀请退休职工参与社区志愿服务活动，满足退休职工参与社会的需要，充分体现其个人社会价值。

考前冲刺试卷（七）参考答案

一、案例分析题（共 4 题，每题 20 分，共 80 分）

第一题

1. 结合案例，该社会工作服务机构应该从以下三个方面分析影响居民参与的因素。

（1）参与价值。分析居民针对社区活动是否存在价值的不认同，例如，是否出现了不关心社区活动的情况，是否认为社区问题的产生是因为自己无能而产生了自责，是否因为自己解决不了社区问题而产生了无用感。

（2）参与意愿。通常受社区居民个人主观因素的影响较大，分析居民是不是因为考虑到参与成本或付出的代价问题而影响到活动参与。

（3）参与能力。一方面是时间和金钱，活动设计中是否存在活动时间不合理或需要居民付出一定物质代价而导致居民不参与的情况；另一方面是知识与技巧，是否存在有些居民想参与，但是没有参与经验和方法技巧，导致其最后不参与的情况。

2. 该社会工作服务机构在项目成效评估中还要评估的要素如下。

（1）活动成效。需要进一步评估项目中的活动和服务为服务对象所带来的益处和转变，这些转变可分为短期、中期和长期的转变。

（2）处境分析。需要进一步评估项目中活动和服务开展时的社区状况或背景，对社区问题进行必要的分析与说明。

（3）假设/理论基础。需要进一步明确在推行整个项目时，对服务对象应持有的理念、活动过程中应坚守的社会工作价值观与原则，指引社会工作者明确该项目的服务计划和重点。

（4）外在环境因素。需要进一步评估影响活动和服务成效的处境和外在因素，如社会政策、社会制度、社会文化等。

（5）逻辑联系。需要进一步评估该项目中各个环节之间的逻辑关系，各环节是否环环相扣。

第二题

1. 社会工作者在开展工作时遵守的伦理原则如下。

（1）保护生命原则。案例中提到"提醒李某的家人尽快清除家里可致命的危险因素，由家人观察李某的变化并及时与小美沟通"。

（2）差别平等原则。案例中提到"虽然小美有丰富的实务经验，但是在初次接触李某时，仍然需要摒弃自己原有的看法，重新看待李某"。

（3）真诚原则。案例中提到"在与李某交谈时，小美表示很愿意为他提供帮助，并留下了联系方式"。

（4）隐私保密原则。案例中提到"当看到李某有些犹豫时，小美告知李某所有的交流内容都不会透露给其他人"。

（5）自由自主原则。案例中提到"小美还帮助李某排解压抑情绪，了解他的内心想法，询问他对将来的打算"。

2. 目前机构康复模式存在的不足如下。

（1）离家较远、收费较高。案例中提到"一年前将李某送至一家离家较远、收费较高的康复机构"。

（2）机构康复训练和活动较少。案例中提到"不参加机构组织的为数不多的康复训练和机构活动"。

（3）导致服务对象与家人关系疏远。案例中提到"家人也很少去探望他"。

（4）管理制度非人性化。案例中提到"越来越抵触机构的非人性化制度"。

（5）非个性化管理，且未以服务对象为中心。案例中提到"康复机构并未针对李某的表现做出积极有效的反馈"。

（6）机构人员忽视服务对象。案例中提到"由于机构人员的疏忽，李某在机构中多次出现自杀行为"。

第三题

1. 社会工作者为满足儿童社会化的需求需要开展的服务如下。

（1）培养儿童的基本生活技能。案例中提到"有的儿童语言表达能力存在问题，没有形成良好的个人卫生习惯"，表明需要提升儿童的基本生活技能，如语言表达能力、个人卫生习惯等。

（2）促使儿童自我观念的发展，使儿童能分清自我与非我两者的关系。案例中提到"有的儿童对自己的身份存在疑惑，不能清楚辨识自己的角色"，表明需要提升儿童对自我身份的认同等。

（3）使儿童形成良好的生活习惯。案例中提到"有的儿童放学后在社区周边闲逛，没有按时回家完成作业的习惯"，表明需要培养儿童的良好生活习惯等。

（4）培养良好的道德品质，使儿童逐步适应社会规范，具备社会公德。案例中提到"有的儿童很少参与社区志愿服务活动，出现了小偷小摸的行为问题"，表明需要提升儿童的社会规范意识，培养社会责任感和社会公德心等。

2. 社会工作者开展"做名片"活动还需要的步骤如下。

（1）创作过程。社会工作者让儿童开展名片的创作过程，并观察组员、回应问题。

（2）展示名片。社会工作者引导儿童围成一圈，让每个儿童轮流到中间来展示自己的名片，引导其他成员在展示完名片之后给予鼓励和回应。

（3）分享讨论。社会工作者引导儿童分享创作过程，展示自己以及组员积极回应并赞美自己时的感受，激发儿童积极向上。

（4）总结回馈。社会工作者鼓励儿童把自己的作品张贴在家里显眼的地方，并总结本次小组活动。

第四题

1. 医务社会工作者在进行老年人评估时采用的方法如下。

（1）实施评估的物理环境。案例中提到"医务社会工作者主动上门为老年人开展身体健康检查、心理健康评估等"。

（2）解释评估的目的。案例中提到"在提前与老年人沟通清楚评估的用意之后，与老年人更加敞开心扉地交谈"。

（3）注意保密问题。案例中提到"在征得老年人同意后，医务社会工作者将收到的评估信息提供给医院相关部门作为服务设计的基础素材"。

（4）通过观察收集评估信息。案例中提到"通过对家庭现场资料的收集，补充和验证之前收集到的资料"。

2. 医务社会工作者开展个案管理工作的注意事项如下。

（1）要重视和善于与老年人建立良好的专业关系，良好的专业关系是基础。案例中提到"医务社会工作者帮助老年人解决了一些就医、买药等紧急问题，与老年人建立起安全信任的专业关系"。

（2）要有重点、分步骤地制订工作计划，按照老年人的问题制订详细的工作计划。案例中提到"服务过程中制订了翔实而具体的服务计划，并绘制了详细的工作进度表"。

（3）要善于协调多部门、多机构提供整合性服务，通过整合不同资源提供服务。案例中提到"医务社会工作者联合当地医院老年常见病专家、营养膳食专家、心脑血管专家，以及社区卫生站的工作人员为老年人提供院后照顾"。

（4）要着眼于老年人潜能挖掘和自己解决问题的能力，切忌包办代替，注重老年人能力建设。案例中提到"医务社会工作者注重发掘老年人的个人优势，提升其对生活和疾病的应对能力"。

二、方案设计题（共1题，每题20分，共20分）

层次	服务目标	服务策略
个人层面	协助遭遇霸凌的学生提升自尊自信，解决心理困扰	通过为受到霸凌的学生开展个案辅导服务，缓解其心理压力，引导其疏导不良情绪，纠正错误理念；通过建立受霸凌学生的支持小组，为其搭建社会支持网络，提供彼此的支持和互助
个人层面	矫正实施霸凌行为学生的不良心理和行为	通过开展实施霸凌行为的学生的个案辅导服务，矫正其不良的心理和行为；针对有严重霸凌行为的学生，链接心理医生和矫正社会工作者，帮助其进行自我探索、自我认识
个人层面	提升教师发现、报告与处理霸凌事件的能力	通过加强对学校教师和教育，提升其发现、报告的能力；通过对学校教师开展专业培训，提升教师面对霸凌事件、处理霸凌事件的能力
人际层面	提升学生人际交往能力	通过开展学生人际交往能力提升小组活动或能力提升培训课程，不断提升学生的人际交往能力
人际层面	协助学生结对子帮扶，搭建起学生的支持网络	开展校园内结对子活动，让普通学生与遭受校园霸凌的学生结成友谊对子，帮助其更好成长；建立实施霸凌学生的矫正小组，帮助他们建立正向、积极的人生观和人际关系网络

续表

层次	服务目标	服务策略
环境层面	增强学生的归属感，营造关怀友爱的学校环境	开展"反校园霸凌"的校园宣传活动，设立宣传周或宣传月，提高学生对校园霸凌事件危害性的认知水平，营造关怀友爱的学校环境
	加强学校与家庭的联系，鼓励家庭为学生提供更多支持，营造良好的家庭环境	开展学校与家庭联合行动，邀请家长参与学校的决策会、发展规划会等；建立"家长课堂"，提升家长发现霸凌的能力；提升家长对遭遇霸凌学生的心理安慰能力，营造温暖的家庭环境
	营造友好社区环境，为学生成长营造良好的外在环境	开展"家校社"联合行动，在社区中积极开展"反校园霸凌"的社区宣传与社区教育活动，呼吁社会大众能够关心、爱护学生群体，防止出现校园霸凌事件，营造良好的社区环境
	推动落实和完善国家政策，营造良好的社会环境	积极落实和完善国家的相关政策；做好相关问题的研究工作，为政策修订建言献策；在全社会倡导关爱学生、防止校园霸凌，营造良好的社会环境

考前冲刺试卷（八）参考答案

一、案例分析题（共4题，每题20分，共80分）

第一题

1. 社会工作服务机构服务管理的内容如下。

（1）加强制度建设。案例中提到"协助服务机构制定了机构的运营制度和各项规章"。

（2）建立督导制度。案例中提到"协助建立了定期的团队督导机制"。

（3）开展档案管理工作。案例中提到"协助服务机构对村中的女性建立了台账和个人档案"。

（4）开展社会工作者能力建设。案例中提到"对机构工作人员的未来发展也制定了详细的规划"。

2. 应该为社会工作服务机构提供的督导内容如下。

（1）行政性督导。为社会工作服务机构招募合适的社会工作者；对机构内的员工根据个人特质进行工作安排与分工，并协助制订工作计划；根据工作人员的经验、成熟程度等赋予其不同的工作权责；协调机构内不同部门之间的关系，协调各项工作的有序开展；对工作人员工作进行监督与评估等。

（2）教育性督导。为社会工作服务机构的社会工作者提供有关服务对象的知识、社会工作专业的知识、相关法律法规的知识、相关问题的知识、机构管理和评估的知识、社会工作实务过程与技巧的知识、自我反思的技巧和知识等。

（3）支持性督导。为社会工作服务机构的社会工作者提供情感支持，肯定他们的工作成绩；处理社会工作者的负面情绪；表达对他们的信任和鼓励；引导社会工作者认识自身优势和长处，树立自信，鼓舞士气；与社会工作者建立良好的关系，表达真诚和关怀，使他们有安全感和归属感。

第二题

1. 社会工作服务机构实现的社区工作目标如下。

（1）促进居民参与，解决社区问题。案例中提到"通过开展社区协商议事活动，邀请流动人口和社区多方力量参与社区问题的讨论，并开展相应培训和观摩学习，不断提升社区居民认识问题、分析问题、解决问题的能力"。

（2）改善社区关系，增强社区意识。案例中提到"通过开展社区邻里节、百家宴等活动，改善了社区居民之间的关系，促进了流动人口的社区融入""通过开展社区宣传和社区教育，增强了社区居民的社区责任感和主人翁意识"等。

（3）挖掘社区资源，满足社区需求。案例中提到"通过招募流动人口担任社区志愿者，充实了社区中的人力资源""通过建立居民的互助小组，营造守望相助的社区邻里新环境"等。

2. 社会工作者应该从以下三个方面进行居民能力建设。

（1）认知和思维能力的培养。案例中社会工作服务机构"通过开展社区协商议事活动，邀请流动人口和社区多方力量参与社区问题的讨论，并开展相应培训和观摩学习，不断提升社区居民认识问题、分析问题、解决问题的能力"，即从认知和思维能力方面进行居民能力建设，不断提升居民引申和推理能力，并能够批判地分析社区问题，提出有效的解决对策和建议。

（2）行为和技巧的培养。案例中社会工作服务机构通过"开展相应培训和观摩学习"，使得居民在行为和技巧方面获得提升。

（3）情感和价值观的培养。案例中社会工作服务机构"通过开展社区宣传和社区教育，增强了社区居民的社区责任感和主人翁意识"，社会工作服务机构应不断在情感、感受、态度等方面增强居民的公民意识和社会责任感。

第三题

1. 社会工作者在进行危机干预时遵循的原则如下。

（1）及时处理的原则。案例中提到"社会工作服务机构在进入灾区之后，为出现严重心理障碍和危机状态的灾民进行了紧急介入，抓住有利时机进行危机干预"。

（2）输入希望的原则。案例中提到"为出现迷茫、无助、失望等心理困扰的灾民提供心理疏导，帮助他们重拾信心，提升解决问题的动力"。

（3）提供支持的原则。案例中提到"为失去家人的灾民积极联络其他的亲友提供支持和帮助"。

（4）恢复自尊的原则。案例中提到"为出现身心混乱的灾民开展积极的自我探索，发掘个人内在潜能，积极应对困难"。

（5）培养自主能力的原则。案例中提到社会工作服务机构"鼓励和支持灾民自救互救，提升灾民自身解决问题的能力"。

2. ABC 理论的具体说明及其相互关系如下。

（1）A 是引发事件，即灾害发生后有些灾民面对家人遇难的突发状况和诱发事件。B 是对事件的看法、态度与评价，即灾害发生后灾民自身对失去家人事件的态度与评价，如自责等。C 是行为后果，即面对家人遇难，灾民出现了严重情绪问题和行为问题。

（2）ABC 理论三者之间的关系是：A 不直接影响 C，而是通过 B 影响了 C。灾民面对家人遇难时的非理性信念导致灾民出现了情绪问题和行为问题，而不是灾害后家人的遇难事件。因此，在处理灾民出现的问题时，社会工作者要聚焦灾民出现的非理性信念，即家人遇难后灾民出现的自责等非理性信念，即 B，而不是 A。所以，事情的解决要从 B 着手，而不是 A。

第四题

1. 社会工作者倡导者角色的主要技巧如下。

（1）系统收集服务对象资料和问题，对其进行分析，形成问题报告，以起到倡导的作用。案例中提到"通过街头访谈、座谈会、发放问卷等多种方式开展需求调研，形成一份社区老年人需求与问题报告"。

（2）提出具体的政策建议，通过形成政策建议并提交上级部门或相关部门，以起到倡导的作用。案例中提到"针对发现的主要问题，社区社会工作者提出要联合社会资源开展社区无障碍设施改造，开展老年人上门助浴等多种服务，形成政策建议并上报给相关政府部门"。

（3）通过媒体宣传，以实现倡导的目的。案例中提到"引入当地一家社会媒体对建设过程进行跟踪宣传和报道"。

2. 老年人友好社区建设过程中资源链接的主要方法如下。

（1）资源整合，即一个社区内部各个组织的合作，实现互补与互依的目的。案例中提到"联合合唱队和舞蹈队定期上门陪独居老年人聊天，组织巡逻队和体育健身队为老年人开展社区无障碍设施知识培训"。

（2）资源共享，即不同社区之间的合作，实现多方共赢。案例中提到"社区社会工作者还与周边社区联合开展共建活动，充分利用相邻社区的优势为本社区老年人谋福利"。

（3）资源配置，即根据资源的不同特征配置资源，采取组织、培训、咨询、合作等不同方式进行弹性使用，以保障资源能够有效地协调和使用，发挥资源的最大效率。案例中提到"社区社会工作者对社区内各类人力资源及各个组织开展能力提升培训"。

二、方案设计题（共1题，每题20分，共20分）

1. 理论要点如下。
（1）注重个人的完整性和整体性（环境中完整的人）。
（2）强调社会系统特别是家庭系统对塑造人的重要性。
（3）注重运用社会资源，正式、非正式社会网络资源协助服务对象。

2. 微观层面（个人层面）的服务目标和服务策略如下。
（1）服务目标。为服务对象个人提供服务，解决个人层面的问题，提升个人权能。
（2）服务策略。具体包括以下四个方面的服务策略。

1）开展心理疏导服务，解决服务对象个人心理的压力，缓解个人焦虑情绪。

2）开展丰富多彩的娱乐活动，丰富服务对象的个人生活，减少生活单一带来的负面影响。

3）开展人际交往能力提升和社会支持网络建构能力培训，提升个人人际交往能力，并协助其建立个人周边的社会支持网络。

4）开展职业生涯规划服务，提升服务对象职业规划能力，为自身建立清晰的职业生涯规划。

3. 中观层面（人与环境互动层面）的服务目标和服务策略如下。
（1）服务目标。提升服务对象与环境互动的能力，加强社会资源的运用整合能力。
（2）服务策略。具体包括以下三个方面的服务策略。

1）搭建服务对象互助网络，协助服务对象建构其支持网络，增强骑手群体彼此之间的支持与互助。

2）开展"引进来"服务，邀请服务对象参与社区活动，增强其社区融入感，积极开展安全知识的宣传和普及，为服务对象服务社区、贡献社区提供机会与平台，提升其社会价值感。

3）开展"走出去"服务，开展关爱骑手的社区志愿服务，邀请社区居民和社会爱心人士为骑手开展多种服务，满足骑手多样化需求。

4. 宏观层面（环境层面）的服务目标和服务策略如下。

（1）服务目标。积极推动政策建立与完善，为服务对象营造关爱友善、公平公正的社会环境与社会文化氛围。

（2）服务策略。具体包括以下四个方面的服务策略。

1）积极倡导政策的建立与完善，推动针对外卖服务企业的社会政策的制定与完善。

2）进行社会宣传教育，引导社会大众关心与关爱服务对象，提升服务对象的社会地位，营造良好的社会环境。

3）积极推动外卖服务企业履行社会责任，倡导企业为骑手购买社会保险，保障其权益实现。

4）积极引导良性社会文化的形成，为服务对象营造更加友善、公平公正的社会文化氛围。

考前冲刺试卷（九）参考答案

一、案例分析题（共4题，每题20分，共80分）

第一题

1. 社会工作者在预估中收集到的资料如下。

（1）服务对象个人资料，如基本信息、健康状况、疾病情况、自理能力等。

（2）服务对象环境的资料，如家庭成员构成、父母基本情况、家庭照顾能力等。

（3）服务对象家庭与环境互动的情况，如家庭的社区参与情况等。

2. 社会工作者还需要进一步收集的资料如下。

（1）服务对象的个人解决问题的动机、个人主观经验的表达等。

（2）服务对象家庭的家庭关系、角色和互动情况、沟通模式、家庭规则等。

（3）服务对象周边环境中的支持系统和资源等。

3. 社会工作者遵循的儿童社会工作原则如下。

（1）依法保护的原则。案例中提到"社会工作者小张依据《中华人民共和国未成年人保护法》，为小花一家开展家庭教育指导服务"。

（2）服务个别化的原则。案例中提到"根据小花的健康状况配置了专门的康复治疗师"。

（3）儿童中心的原则。案例中提到"以小花为中心制订了个性化的成长服务计划"。

（4）儿童发展的原则。案例中提到"服务过程中根据小花的发展特点"。

（5）儿童参与的原则。案例中提到"不断鼓励小花及其父母走出家庭，参与社区活动，并协助其家庭建立帮扶小组"。

第二题

1. 服务对象小王的家庭结构如下。

（1）次系统，即家庭中存在的更小范围的系统，如小王家庭中的母子系统、父子系统、夫妻系统。

（2）系统之间的边界，即家庭中各系统之间存在的边界，如小王家庭中母子之间的边界与父子之间的边界存在边界不清的情况。

（3）角色和责任分工，即家庭中各成员所承担的角色和责任分工，如小王家庭中由其母亲负责小王的学习教育、操持家事等，而父亲长期在外忙于生计，责任工作比较单一。

（4）权力结构，即家庭中的权力运作方式，如小王家庭中的权力位置属于小王母亲，其在家庭中地位和权力明显高于小王父亲。

2. 社会工作者开展自我管理能力小组工作的目标如下。

（1）提升青少年自我决策和自我管理能力。

（2）协助有效地自我预定且诚信地尽力执行。

（3）培养勇于负责的态度来面对自己生活。

（4）协助正确地检视、查核自己的行为表现。
（5）培养对自己的行为做有效评估的能力。
第三题
1. 服务对象张某及其家庭的需求如下。
（1）健康维护的需求。案例中提到张某"身患帕金森病多年，近几年病情严重，身体僵硬，只能卧病在床"。
（2）心理疏导与危机介入的需求。案例中提到张某"情绪越来越差，并产生了自杀的念头"。
（3）生活照料的需求。案例中提到"长期照料张某的护工辞职回乡，导致张某处于无人照料的状态"。
（4）经济保障的需求。案例中提到"目前，该家庭的主要经济来源是低保补助和女儿勤工俭学的助学金"。
（5）建构社会支持网络的需求。案例中提到张某女儿不在身边，护工辞职回乡，说明其缺少社会支持网络。

2. 结合社区照顾模式，社会工作者提供的社区照顾内容如下。
（1）在社区照顾，即由社区内的小型机构进行照顾。案例中提到"社会工作者联系了社区的日间照料中心"，依托社区内的专业机构和专业人士进行照顾。
（2）由社区照顾，即由社区内的多种资源为服务对象提供的照顾。案例中提到的"社区内的志愿服务队""张某的邻居"等，都是依托社区内部的照顾资源。
（3）建立社会支持网络，即融合了可以为服务对象提供服务的各种网络资源与支持系统。案例中提到"联络了与张某关系较好的表姐""社区内的志愿服务队""张某的邻居"等都属于非正式支持网络，"社区的日间照料中心"属于正式的支持网络。

第四题
1. 社会工作者开展服务时遵循的原则如下。
（1）积极主动的原则。案例中提到"针对物业与业委会长期以来权责不清的情况，社会工作者主动上报街道与区相关部门"。
（2）权责明确的原则。案例中提到社会工作者"召开多方协调座谈会，会上明确了各方主体的职能和分工"。
（3）目标清晰的原则。案例中提到"社会工作者确定了下一阶段的社区任务主要是满足居民基本需求、服务社区居民"。
（4）重点突出的原则。案例中提到"社会工作者注重挖掘社区居民骨干和积极分子，特别注重老党员作为志愿者的示范引领作用"。
（5）依法治理的原则。案例中提到"依据相应的法律规定，社会工作者协助社区居民共同制定了公共空间规范管理制度，成立专门队伍对公共空间进行管理"。

2. 该社区要实现的社区社会工作目标如下。
（1）促进居民参与，解决社区问题。案例中提到通过注重挖掘社区居民骨干和积极分子参与社区事务，并明确了业委会等各方的职责和分工等内容，体现出社区要多方促进居民参与以解决社区问题。

（2）改善社区关系，增强社区意识。案例中提到要通过开展邻里节，不断增强社区居民的归属感和凝聚力等内容，体现出社区要不断改善居民关系，增强社区的凝聚力。

（3）挖掘社区资源，满足社区需求。案例中提到业委会、社区党支部、社区居民骨干和积极分子、老党员等，体现出社区要挖掘社区的重点人力资源，满足社区的多样化需求。

二、方案设计题（共1题，每题20分，共20分）

1. 微观层面。

（1）服务目标。提升留守妇女个人意识，开展能力建设，解决个人遇到的困难与问题。

（2）服务内容。①开展心理疏导，帮助遇到心理问题的留守妇女调整情绪和心理问题。②开展能力培训，为留守妇女开展农业技术、手工技能等培训，帮助其寻找更多就业机会，改善其生活质量，提升其社会价值感。③开展法律知识培训与普及，提升其法律意识，增强其维权能力。④开展女性性别意识培训，为留守妇女宣传社会性别理论，提升其性别意识，协助其意识觉醒，帮助其认识自身价值和社会价值。

（3）社会工作者的角色。服务提供者、教育者、使能者。

2. 中观层面。

（1）服务目标。帮助留守妇女搭建社会支持网络，提升社会交往能力，拓宽其人际交往范围。

（2）服务内容。具体包括以下三个方面的服务内容。

1）建立留守妇女支持小组，帮助遇到相同问题的留守妇女建立支持小组，增强留守妇女的互助网络。

2）开展社交能力培训，帮助留守妇女学习人际交往技能，拓展人际交往圈子。

3）搭建沟通与交流平台，协助留守妇女联络亲戚、村民等，在村中帮助留守妇女建立支持网络，帮助其解决实际生活困难。

（3）社会工作者的角色。支持者、使能者、资源链接者。

3. 宏观层面。

（1）服务目标。积极开展倡导与宣传，营造有利于留守妇女生活的社区环境和社会文化氛围；积极推动性别平等意识的传播，提升留守妇女的社会地位。

（2）服务内容。具体包括以下四个方面的服务内容。

1）开展宣传倡导活动，在村中进行妇女权益保障法、反家庭暴力法等相关法律的宣传普及，提升村民的法律意识，改善留守妇女生存的文化环境。

2）在村中积极宣传男女平等的基本国策和性别主流观念，引导村落文化向积极正向方向转变。

3）在社会福利保障方面，对接相应部门，为留守妇女积极争取更多的权益和政策制度保障。

4）积极倡导男女平等的村落文化建设，将留守妇女的现状和问题进行研究总结，形成相关的报告提交给相关部门，积极促进政策的修订和完善。

（3）社会工作者的角色。资源链接者、政策影响人、倡导者。

考前冲刺试卷（十）参考答案

一、案例分析题（共4题，每题20分，共80分）

第一题

1. 社会工作者开展的家庭支持服务如下。

（1）亲职辅导。案例中提到"通过开展家庭自助小组和亲子互动团队等活动，指导家长更好地履行父母职责"。

（2）婚姻辅导。案例中提到"以夫妻双方个人身心素养的成长为基础，开展两性关系和家庭关系课堂，提升夫妻双方的家庭管理协调能力"。

（3）家庭辅导。案例中提到"通过对问题家庭进行治疗和指导，改善家庭成员的关系，恢复家庭的正常功能"。

（4）亲子关系辅导。案例中提到"通过开展'家庭嘉年华''趣味运动会'等活动，消除子女和父母之间的矛盾和隔阂，增进彼此之间的理解和支持"。

2. 结案阶段，社会工作者应该通过以下举措巩固服务对象已经取得的改变。

（1）回顾工作过程。案例中提到"帮助家庭回顾整个服务过程，明确各个家庭已经改善的地方"。

（2）强化已有的改变。案例中提到"进一步强化家庭中父母和儿童的改变和成长，巩固其所发生的改变"。

（3）表达积极鼓励与支持。案例中提到"小华对每个家庭的能力表示了肯定，并表示会进一步跟进服务，如果遇到问题，还可以及时跟社会工作者保持联络"。

第二题

1. 社会工作者遵循的青少年社会工作原则如下。

（1）主体性原则。案例中提到"承认与接纳孩子的独特性与差异性，充分照顾到孩子不同发展阶段的特点与需求"。

（2）发展性原则。案例中提到"坚持用发展的眼光看待和理解青少年，发现孩子身上的闪光点，不能随便给孩子贴上标签"。

（3）整体性原则。案例中提到"与青少年的老师、同学、学校和社会上相关的部门一起合作，为遇到困难的孩子提供多方面的支持"。

2. 社会工作者运用"父母效能训练模式"的内容如下。

（1）积极倾听，即要训练父母的倾听能力，以便成为子女的心理辅导员。案例中提到"开设'倾听训练营'，促进父母能够站在子女角度上思考问题"。

（2）使用"我—信息"，即要训练父母以"我"为开头与子女进行沟通，传达信息。案例中提到"开设'语言训练营'，教会父母更有效地传达信息，减少对子女的语言暴力和语言压迫感，训练生活中减少出现'你必须''你应该'等语言"。

（3）积极沟通，训练父母与子女做积极沟通。案例中提到"开设'成长训练营'，让父母清楚表达思想观念，减少矛盾，不混淆、有耐心地与子女进行交流"。

第三题

1. 服务对象及其家庭的问题如下。

（1）经济生活困难。案例中提到"家庭生活主要依靠父亲一人微薄的收入，生活压力巨大"。

（2）家庭照顾压力大。案例中提到"小亮父母在生活上对小亮的照顾无微不至，但越来越感觉力不从心"。

（3）社会支持网络薄弱。案例中提到"为了保障小亮的安全，小亮父母几乎不带小亮外出，也很少跟邻居和社区居民来往"。

（4）特殊教育知识匮乏，案例中提到"由于缺乏正确的特殊教育知识，小亮父母缺少对小亮日常行为的训练"。

2. 社会工作者在配合特殊教育工作中做的工作如下。

（1）作为前期预防者和评估者，参与特殊需求儿童的发现、筛选和评估工作。案例中提到"社会工作者与特殊教育学校的老师一起为小亮与其家庭进行了整体的评估和诊断"。

（2）作为专业咨询者和参与者，为家长提供专业意见和相关计划。案例中提到"社会工作者为小亮的家长、教师与服务团队提供了专业意见并参与制订了具有针对性的服务计划"。

（3）作为协调者和沟通者，为特殊教育团队提供管理和资源支持。案例中提到社会工作者"链接了残疾人基金会为其家庭提供经济援助"。

（4）作为直接服务者，为残障人士安置提供建议，并提供个案管理等服务。案例中社会工作者为服务对象小亮入住特殊学校提供建议。

（5）作为增权者和倡导者，保护服务对象的合法权益，促进特殊教育政策变迁。案例中提到社会工作者"将小亮家庭的情况写成案例，提交给上级部门"。

第四题

1. 社会工作者采取的推动社区多方联动的方法如下。

（1）了解社区状况，熟悉社区资源。案例中提到"社会工作者走访辖区内的志愿服务组织，了解其专长和运行情况"。

（2）与多方力量积极沟通，建立协同合作关系。案例中提到"推动这些志愿服务组织成立志愿服务联盟，建立志愿服务资源库""联动社区居委会深入调研居民需求，建立志愿服务供需对接机制，促进志愿服务精准化"。

（3）发挥联系纽带、资源整合的作用。案例中提到"社会工作者引导志愿服务联盟广泛吸纳社会组织、社区商户和爱心人士等多方力量的参与，共同解决居民关心的问题"。

2. 社区社会工作的特点如下。

（1）以社区为对象。案例中以整个社区为对象进行服务设计与服务推进。

（2）重点解决社区居民所面临的集体性问题。案例解决了社区"志愿服务存在资源碎片化、活动形式单一等问题"，以集体性问题解决为主。

（3）采用宏观结构的视角分析和介入问题。案例中提到"街道调研后，决定从构建多方联动机制入手，委托社会工作服务机构实施'共建美好社区'志愿服务项目""广泛吸纳社会组织、社区商户和爱心人士等多方力量的参与，共同解决居民关心的问题"等，体现出宏观结构的视角。

（4）强调社区参与，关注人的发展。案例中提到"成立志愿服务联盟""社会工作者引导志愿服务联盟广泛吸纳社会组织、社区商户和爱心人士等多方力量的参与"等，都体现出了"强调社区参与"；案例中提到"社区居民开始以主人翁的姿态更加积极地参与社区事务"，体现出"关注人的发展"。

（5）重视社区资源的挖掘和运用。案例中提到"走访辖区内的志愿服务组织，了解其专长和运行情况""建立志愿服务资源库""建立志愿服务积分制度，促进志愿服务的可持续开展"等，都体现了社区资源的挖掘和运用。

二、方案设计题（共1题，每题20分，共20分）

1. 社会联结理论的理论要点如下。
（1）依附感，指个人与他人或群体的感情联系。
（2）承担感，指为基于传统活动设定的目标而努力，为自己的理想或期待而付出行动。
（3）参与感，指对传统活动的参加和投入。
（4）信念，指社会共同的价值体系的认同。

2. 以依附感为核心概念的服务目标和服务内容如下。
（1）服务目标。帮助青少年加强与家庭、朋友的联系，提升对家人、朋友的依附感。
（2）服务内容。具体包括以下两个方面的服务内容。
1）开展家庭会议，彼此坦诚各自的想法，增加青少年与父母之间的感情沟通，促进彼此双方正向积极的交流。
2）组织青少年与社区同龄人的小组活动，增进青少年的人际关系，加强与朋友之间的联络。

3. 以承担感为核心概念的服务目标和服务内容如下。
（1）服务目标。帮助青少年开展生涯规划，明确未来人生目标，培养其社会责任感。
（2）服务内容。具体包括以下两个方面的服务内容。
1）开展生涯规划培训，协助青少年学会进行个人生涯规划、职业人生规划、休闲娱乐时间规划等，能够更好把握自己的人生。
2）开展"志当存高远"小组活动，协助青少年明确人生理想，并承诺为理想的实现投入自己的时间与精力。

4. 以参与感为核心概念的服务目标和服务内容如下。
（1）服务目标。帮助青少年积极参与家庭、学校、社区等组织的活动，提升社会参与感。
（2）服务内容。具体包括以下两个方面的服务内容。

1）组建社区青少年志愿服务队，积极引导青少年开展社区志愿服务，如老年人慰问、社区环保、垃圾分类等活动。

2）与青少年所在学校联合开展传统活动，鼓励青少年积极参与，尽量减少青少年与社会不良青少年的接触。

5. 以信念为核心概念的服务目标和服务内容如下。

（1）服务目标。帮助青少年树立正确的人生信念，认同社会主义核心价值理念，矫正不良的人生价值观。

（2）服务内容。具体包括以下两个方面的服务内容。

1）在社区内开设青少年学习课堂，协助青少年学习社会主义核心价值观，进行思想引导与价值观塑造。

2）与青少年所在学校合作开展主题班会，邀请社会公益人士进行主题分享，帮助青少年树立正确的人生观、价值观和世界观。

考前冲刺试卷（十一）参考答案

一、案例分析题（共4题，每题20分，共80分）

第一题

1. 这些家庭存在的病态家庭结构如下。

（1）联合对抗，即家庭成员形成了同盟，一起联合对抗其他成员。案例中提到"他们娘俩就总是跟我对着干"。

（2）纠缠与疏离。纠缠即系统之间出现了关系过分亲密，案例中提到"我丈夫跟他妹妹特别亲，并且我公婆也特别偏爱我的小姑子"；疏离即系统之间出现了关系过分疏远，案例中提到"一点也不为我们着想"。

（3）三角缠，即家庭中出现问题时，需要第三方协调才能实现沟通交流。案例中提到"他总是两头劝，但是也总是劝不好，我也不想让他总是受夹板气"。

（4）倒三角，即家庭权力不是集中在家长手里，而是由孩子掌握，出现了权力的倒置。案例中提到"在家里蛮横无理，像小霸王一样"。

2. 社会工作者应该收集的家庭系统资料如下。

（1）家庭和家庭成员的基本情况，包括家庭收入状况、居住环境、家庭成员的健康状况等。

（2）家庭成员的角色和互动情况，包括夫妻、父母、兄弟姐妹、父母子女的角色。

（3）家庭规则，包括如何解决分歧、冲突及家庭的权威关系。

（4）家庭成员的沟通方式，包括如何表达期望、需要、情感等。

（5）家庭关系，包括家庭内的次系统。

（6）家庭的决策和分工方式。

第二题

1. 社会工作者可以为灾民提供的灾后救助服务如下。

（1）协助安置受灾人员。案例中提到"社会工作服务机构协助政府部门及时疏散、转移和安置受灾群众"。

（2）及时开展危机干预。案例中提到"有的受灾群众因目睹家园被毁的场景而深陷痛苦，难以自拔""有的受灾群众害怕洪水再次来袭，时刻处于紧张、无助和恐惧的状态"，需要社会工作者协助灾民顺利化解危机。

（3）修复社会支持系统。案例中提到"一些受灾群众认为邻居分配到的饮用水、衣被等应急救助物资比自己多，心生不满，导致邻里关系紧张"，需要社会工作者协助其解决邻里关系问题，搭建自救互救支持网络。

（4）社区重建与发展。案例中提到"还有一些受灾群众担心灾后生计问题，整日忧心忡忡、寝食难安"，需要社会工作者协助其进行灾后重建，包括家庭重建、社区重建、社会重建等。

2. 在灾后重建中社会工作者采用个案管理的具体方法如下。

（1）评估服务对象。社会工作者需要针对有特别需要的灾民进行全面评估，界定清楚其主要需求，有针对性地开展个案管理工作。

（2）确定服务方式。经过初始评估，社会工作服务机构确定服务对象符合条件且愿意接受服务后，就要确定服务人员和服务方式。

（3）撰写服务报告。社会工作者需要针对不同的服务对象撰写过程记录、接案摘要和个案笔记。

（4）制订服务计划。正式开展服务之前，社会工作者要制订工作计划，写清楚服务的目标以及要采取的行动。社会工作者要和服务对象一起商议长期和短期目标。

（5）实施服务计划。根据工作计划，社会工作者要与服务对象一起实施服务计划，如接受心理辅导、参与社区支持性小组、参加就业培训等。

第三题

1. 开展老年人小组工作需要注意的事项如下。

（1）由于老年人身体不便或知觉方面的限制，小组活动要有相应的调整。案例中提到"提醒小王在开设老年人社会工作小组时要提前熟知老年人的特征，根据小组成员的共性和个性设计活动内容"。

（2）小组带领者扮演积极的角色，要投入额外的时间与小组成员建立个人关系。案例中提到"在开展小组工作时，面对沉默的老年人，要积极调动其参与的热情"。

（3）小组节奏比较慢，社会工作者要注意点滴变化。案例中提到"小组设计与带领的技巧也要及时更新以适应老年人特征，不能急于求成"。

2. 小组活动设计的技巧如下。

（1）紧扣小组目标。小组活动内容要围绕支持性的小组目标进行设计，不能偏离小组目标，每节小组活动也要围绕其具体目标进行内容设计。

（2）考虑到组员的特征与能力。小组活动要根据老年人的特征与能力进行实际调整，防止出现活动设计超出或低于老年人特征与能力的情况；小组时间要安排合理，不要过长也不宜太短。

（3）小组活动设计的基本要素要齐备。小组活动的设计必须包含如下基本要素：小组活动的目标、小组活动的参与者、小组活动的规模、小组活动的时间分配、组员的角色扮演和角色互换、小组活动的环境设计、小组活动的资源供应与经费预算、小组活动的强度分布、小组活动的预期结果、防止和处理意外事件的预案、总结与奖励。

（4）经验分享。小组活动尤其要注意设计经验分享环节，鼓励小组成员参与其中，并分享其收获和成长。

第四题

1. 该社区已经分析的内容是W、O、T。

（1）W，即社区内部的劣势。案例中提到"经常因为停车位、垃圾清理等问题发生矛盾和冲突""社区内路面、健身器材等硬件设施已多年没有更新改造，社区绿地也没有得到很好的维护，地下空间已经闲置多年并未得到有效开发使用""社区内很多居民养宠物狗，还有大型犬，大部分都没有办理'养犬登记证'"，这都属于社区内部的劣势。

（2）O，即社区外部的机会。案例中提到"该社区被纳入当地老旧小区改造范围，计划近期开展电梯安装和绿化设施更新等工作""社会工作服务机构申请了老旧小区服务项目，计划落地该社区开展服务"，这都属于社区外部为社区改变带来的机会。

（3）T，即社区外部的挑战或威胁。案例中提到"社区周边的环境和交通较差，缺乏便民超市和设施"，这属于社区外部的挑战。

2. 该社区还需要进行分析的内容是 S。

S，即社区内部的优势。案例中缺少对社区内部优势的分析，应该尝试分析社区内部有哪些可以使用的资源，社区组织、居民素质、居民年龄结构、居民文化水平等各方面存在的优势条件。

2. 依据 SWOT 分析法，该社区应该采用的发展战略及理由如下。

根据案例中对该社区的情况分析，该社区应该采取的发展战略是 WO 战略，即改进型战略。

（1）经分析发现，该老旧小区内部存在的问题较突出，各种内部问题严重，如居民矛盾突出、硬件差、绿化差、宠物狗没有办理"养犬登记证"等，这些都是内部存在的不足，即 W。

（2）案例中提到，目前该社区刚好遇到当地政府进行老旧小区改造，以及社会工作服务机构带着项目落地该社区，这些都是该社区发展的外部机会，即 O。

因此，经过综合分析认为，该社区应该采取 WO 战略，即改进型战略，抓住外部有利机会改进社区内部的不足和劣势，以更好利用契机完成社区发展和社区转型。

二、方案设计题（共1题，每题20分，共20分）

1. 理论要点如下。

延续理论认为，老年不是一个单独的阶段，而是人生之前阶段的延续。老年人若能延续一生所从事的活动就能适应良好。延续理论认为人们年老的时候不是自然而然地退出工作和社会生活，相反，他们选择能让自己继续获得满足感的生活方式，终止那些没有带来满足感的生活方式。

2. 个人层面的服务目标和服务内容如下。

（1）服务目标。帮助军休干部调整心理状态，更好地认识退休生活，提升个人价值感和幸福感，并为其搭建有效的社会支持网络。

（2）服务内容。具体包括以下三个方面的服务内容。

1）开展心理辅导。为遇到适应障碍的军休干部开展心理疏导服务，缓解其心理和情绪问题，帮助其增强心理抗压能力和环境适应的能力。

2）及时进行危机介入。对遇到严重心理问题的军休干部及时进行危机介入，化解危机，维护其生命安全。

3）搭建个人社会支持网络。协助军休干部联络其亲人和朋友，增强其社会支持网络，并发挥社会支持网络的积极作用。

3. 环境层面的服务目标和服务内容如下。

（1）服务目标。改善军休干部的生活环境，发挥环境的积极作用，为军休干部提供更多的支持，并协助其更好地适应外部环境。

（2）服务内容。具体包括以下两个方面的服务内容。

1）发挥政策影响人的作用。积极倡导国家军休政策的修订和完善，进一步倡导军休保障和福利措施的落地实施，以更好地保障军休干部的利益和权益。

2）积极倡导关怀友爱的社会环境。在军休所内、驻地社区内、社会上倡导对军休干部的尊重、关心、关爱等，营造有利于军休干部生活的良好环境。

4. 人与环境互动层面的服务目标和服务内容如下。

（1）服务目标。协助军休干部与周边环境形成良好互动关系，发挥环境对人的积极影响和正向作用，努力实现人与环境和谐发展、协调共生。

（2）服务内容。具体包括以下两个方面的服务内容。

1）开展"引进来"服务。引进驻地社区或社会力量为军休干部开展相应服务，满足军休干部多元化需求，如引入志愿者为军休干部提供陪伴、精神慰藉等服务。

2）开展"走出去"服务。发挥军休干部的个人优势积极服务驻地社区、社会，实现军休干部老有所为的目标，如引导军休所与当地学校合作，开展红色教育进课堂等活动，发挥军休干部的红色优势，讲好革命历史故事，传承红色基因。

考前冲刺试卷（十二）参考答案

一、案例分析题（共4题，每题20分，共80分）

第一题

1. 社会工作者收集服务对象资料情况如下。

（1）身体健康状况。案例中提到"感觉身体大不如前，偶有头晕胸闷，无法单独外出参加活动"。

（2）心理或情绪方面。案例中提到"张奶奶变得很少下楼，越来越沉默寡言，最近越来越多愁善感且焦虑，感觉自己无用"。

（3）家庭关系方面。案例中提到"张奶奶的儿子在外地工作，很少回来，女儿出嫁后也因工作忙碌未能常常回家探望"。

（4）经济状况。案例中提到"经济条件良好"。

2. 社会工作者还需要进一步收集的资料如下。

（1）生活自理能力。需要进一步收集张奶奶是否可以独立在家生活，以及是否能够独立照顾自己。

（2）环境安全情况。需要进一步收集张奶奶家庭或社区的环境安全情况，是否配有安全救护系统、防滑地垫、卫生间安全扶手等，保证张奶奶能够安全在家生活。

3. 社会工作者开展服务的目标系统如下。

（1）服务对象本人。案例中提到"社会工作者联络了社区卫生站的医生定期上门为张奶奶体检"，改善了服务对象本人，提升其身体健康水平。

（2）服务对象的家庭系统。案例中提到"社会工作者及时联系了张奶奶的子女，并一起商议回家探访的时间安排"，改善了服务对象的家庭，提升了家庭对张奶奶的支持。

（3）服务对象的社区系统。案例中提到"社会工作者动员社区曲艺队队员成立帮扶小组，协助张奶奶日常生活"，改善了服务对象的社区系统，营造互助友爱的社区环境。

（4）服务对象的社会资源和社会系统。案例中提到"社会工作者也积极联络了当地日间照料中心，为张奶奶申请到了服务名额"，链接到了社会资源，并积极改善服务对象生活的社会环境。

（5）服务对象的社会政策和社会环境系统。案例中提到社会工作者"将张奶奶的情况撰写成案例，提交给相关部门"，改善了服务对象生活的社会政策环境。

第二题

1. 社会工作者为做好本次面谈需要做的资料准备工作如下。

（1）事先研读阿力的资料。需要特别留意是否有需要在面谈中进一步澄清的内容。

（2）了解阿力是否接受过服务。了解阿力是否在其他机构接受过帮助，以便在会谈时有的放矢地与他沟通交流，避免由于不了解情况而让阿力有不被重视的感觉。

(3)了解刘力普及社区老年照护康复小组的活动情况，给刘力普介绍了相关的社区老年康复照护的心理知识，并为此他做好心理工作。

(4)老年介护的社区化。社会工作者可以通过刘力普社区老年照护康复小组来了解其社区资源及其社区老年介护方面的情况，包括老年介护方面的家人、邻居、朋友，所在社区居民委员会以及相关的社会团体所提供的服务，提供所需。

2. 社会工作者可以为刘力普社区建立支持网络的动员如下。

(1)个人网络。案例中措辞，"自从刘力普怪养后，案例根据相关系网络数量，与妻儿的联系少了也减弱，刘力普3个兄弟姐妹，但是都各自组建了家庭，中时候借小张几怎，关系渐渐梳远起来"。社会工作者针对刘力普怪养后，重新建立个人家庭网络，加强其兄弟姐妹亲属的支持和联系，帮助其进一步完善个人家庭网络。

(2)志愿者联系网络。案例中措辞，"刘力普先生亲家，与母来到养，但是由于长期他家弃自己家庭来照顾母亲外来的兼任"，针对刘力普问题，可以帮助其建接联系兼父置来源，帮接社区居民委员会来联系，搜索其父家的亲属来，加强其家庭照顾主力。

(3)互助网络。案例中措辞，"刘力普紧张与维系父、味关在生"，社会工作者可以为刘力普构建起其亲友聚友阶层，帮助其维持维度信心和能力，并回归家规范。

(4)邻里的网络。案例中措辞，"由于长期他家弃自己家庭来照顾母亲外来的兼任，"小张与其往何来事"，加大对刘力普所在社区的邻里职能，解决其与帮助收养资源，建立刘力普的邻里网络。

第三题

1. 如何社会工作者的主要有角色如下。

(1)信息员／支持者／使能者。案例中措辞，"小张倾听了小张陈述的问题"，并提供和支持小张他们建立使用中的困难和改善建议。

(2)资源链接者。案例中措辞，"小张明确表示了向社工小张中的相关人们机谁和资源建议"。

(3)教育者。案例中措辞，"小张关心为病那员工重视视觉融入了一系列工作案例介绍其事实工作的简接的"。

(4)协调者。案例中措辞，"小张尝试通过与主管报沟通进行政策沟通，接请回题心理调度和生理视觉调接"，以缓解社小张的内在矛。

2. 社会工作者开案后需要对隐服提供隐度的动如下。

(1)服务对象与的隐度。案例中措辞，"与小张及其亲人的沟通"，"在此请他们的间意开医服务"。

(2)服务评估的隐度。案例中措辞，"评估目的小张，及其亲属隐度的主要需求和需求"。

(3)服务协调的隐度。案例中措辞，"确定与相关医院"，为小张的心来诊治做预备用，并积极开展重复工作"。

(4)资源联合的隐度。案例中措辞，"小张与人力资源部门、工会沟通"，为小张由请提一项扶那的补贴，络解了工作家庭的压力"，为所在社区老基进行了接洽"。

成长。"

（5）鼓励志愿者与专业工作者的沟通。案例中提到，"在同期的工作会议中计划"，推荐小张参加医院组织的"医务社会工作者交流会"。

（6）服务质量的跟踪。案例中提到，"在服务过程中，小莫进行了多种形式的持续跟踪和成长。"

第四题

1. 社会工作者已经开展的服务如下。

（1）告知介入。案例中提到，"学校社会工作者根据情况开展的服务进行了跟踪和辅导为志愿者开展的服务"，为该学校开展康复、沟通等服务的志愿者们提供了在社会事件发生之后，紧急疏通进行疏导的心理，以减轻对案事主。

（2）情绪疏导。案例中提到，"为帮助严重焦虑情绪的案主开展相应干预，采开展心理疏导和情绪疏导"，来明其在工作及生活中的情绪的困扰，并帮助其减轻焦虑并提供相关服务。

（3）情绪支持。案例中提到，"学校社会工作者根据了了案事主一起为案事主持续提供支持和关心心。"，来明其在工作及生活与家长沟通，一起为案事主签发和提供情绪支持。

2. 社会工作者还需要进一步开展的服务如下。

（1）搭建桥梁沟通。社会工作者需要进一步搭建桥梁沟通，为能帮助案事主，要用理解的正确的沟通方法的经历。

（2）协助处理事业。社会工作者需要进一步地了解案事主长、学校相关部门等对对进行改善。

（3）关注案事主的心理变化水平。通过案事主经历在其在长期签约到了影响，即便他们做好了心理疏通和情绪调解等服务，社会工作者仍然要持续跟踪和关注，并搭建桥梁以便对案事主与家长出现问题进行及时为回访。

3. "家校社"联合开展合作的服务如下。

（1）家庭层面。真体内容可从以下两个方面展开实施。

1）搭建良好的家庭氛围，引导父母关心孩子，为孩子搭建一个温暖的家庭氛围，借助良性互动关系。

2）开展家庭教育，尤其是加强有关情绪的家庭教育，学生父母意识到与孩子沟通相关的情绪认知，使孩子与父母之间，尤其重视亲友情的交往。

（2）学校层面。真体内容可从以下三个方面展开实施。

1）开展"家长学校"。加其家长与教育沟通，在学校内开展学校的课程事项的沟通与联系，提升来同家间共处日，提升孩子与家长的亲密能力。

2）设立主题咨询，学期开展围绕学生各自的主题咨询，引导学生在思想上和情感上的沟通。一起学习正确的沟通方法，提升个人的沟通能力。

3）开展家长课堂，与家长签订行动，通过在学校内开展家长课堂，提升父母的沟通能力，加强父母对孩子的陪伴能力与倾听能力。

（3）社区层面。真体内容可从以下两个方面展开实施。

1）开展社区宣传与教育活动，围绕养老、育儿等主题，在社区内开展针对老年居民、青年居民、妇女儿童等不同群体的社区教育活动，引导社区居民积极关注社会老龄化、少子化等问题，增强社区居民对社区的归属感。
2）开展丰富的社区活动，根据居民的兴趣爱好，如书法、绘画等，邀请老年居民参与社区活动并组织社区老年居民服务，借助老年居民丰富的生活方式和生活经验。

二、方案设计题（共 1 题，每题 20 分，共 20 分）

1. 地区发展模式的内容及实施特点如下。

（1）相关的内容形式。在地区社会工作实施模式的划分问题上，是将其自主性模式的工作性质认定作为一种，目的是能原居民及社区团体对社区的认同之间，鼓励他们通过自助和互助，解决社区问题。

（2）实施特点。①较多关注社区共同性问题，关注社区中影响大部分居民的共同问题。②通过对社区自主能力的建设来实现社区资源的重新整合。③对接目标的重要程度决定项目实施的任务。④特别重视居民参与。

2. 任务目标的内涵及服务内容如下。

（1）任务目标，即解决一些特定的社区问题，包括完成一定具体的工作和服务，满足社区需要，达到一定的社会和经济目标等。

（2）服务内容。具体包括以下几个方面的服务内容。

1）开展社区小区改造。使社工作采取直接和间接的资源为社区和开展硬件设施更新服务，如对时依旧不太堪设，残疾人楼房改造，更换楼梯扶手，搭建与路面齐等居住硬件设施更新服务，同时针对社区老龄病患人群开展医疗服务，应对社区老年居民日常生活中遇到的实际问题和困难。

2）开展社区老年服务。特有社区老年服务以实代，通过社区社会组织的资源转化建设来承接社区老年服务，将针对老年人问题提供服务，包括针对社区老年生活照料服务和开展社区老年活动，如医疗、动画，动活等；还包括以社区为本人，面向全体社区老年居民开展的社区老年及社区卫生等。

3. 过程目标的内涵及服务内容如下。

（1）过程目标，即将关注的服务目标实现中发现的问题中，主要是指居民社区居民的一般能力，包括增强居民对社区问题的解决能力，信心和技巧，提升其对社区政治和议题的参与能力，培养居民与社区的关系交流，协调和团结社会各界人士的潜能力等。

（2）服务内容。具体包括以下几个方面的服务内容。

1）开展社区服务和社区居民的宣传，提升居民参与社区服务的积极性。采用多种方式，如广告宣传，其传媒报道等，开展社区服务和社区居民的宣传，提升居民对社区服务和社区服务的认知水平，提升居民参与社区服务的积极性和可持性，提升居民的参与度与热度。

2）开展社区邻里活动，改善社区关系，营造文化氛围。开展社区邻里活动中的重要活动，开展社区居民之间的关系，营造守望相助的社区文化氛围，增强社区居民的社区归属感和凝聚力。

3) 开展社区的园艺事务等，提升社区居民解决社区问题的能力。建立社区的园艺事务和对外事务组，组织社区开展社区的园艺事务组，协助居民解决社区中的一系列问题，例如，通过社区的园艺事务组或社区文明兼文明公约等，在社区文明传承者暨党公约的公约、提升居民解决社区问题的能力。

4) 开展社区志愿服务队伍的能力建设，提升居民骨干的各项能力，开拓社区居民骨干的能力培训流程，提升居民骨干在组织活动、宣传宣讲、活动策划、纠纷调解与等各方面的能力，增强其参与社区建设的水平等。